스토리로 배우는 세계시민교육: 중등편

교사를 위한 세계시민교육 안내서

세계시민교육 중등편

유네스코 아시아태평양 국제이해교육원 기획

이경한, 김다원, 김선미 편저

발간사

『스토리로 배우는 세계시민교육: 중등편』은 스토리텔링 교수법을 활용하여 세계시민교육을 실천할 수 있도록 돕는 책이다. 스토리텔링 교수법은 다소 추상적이고 막연하게 느껴질 수 있는 세계시민교육의 개념을 보다 쉽고 구체적으로 이해하고 실천할 수 있게 한다.

유네스코 아시아태평양 국제이해교육원은 2020년 한국국제이해교육학회와 협력하여 세계시민교육 스토리텔링 프로젝트를 시작한 이후, 2021년부터는 일본국제이해교육학회와 중국 북경사범대학교로 협력 파트너를 확대해 추진해 왔다. 본 프로젝트는 스토리텔링 교수법을 기반으로 국제이해교육과 세계시민교육의 교수·학습 콘텐츠를 개발하는 것을 목표로 하고 있다.

이번에 발간된 『스토리로 배우는 세계시민교육: 중등편』은 지난해 출간된 초등편에 이어, 2020년부터 2025년까지 이 프로젝트에 참여한 한·중·일 예비교사들이 개발한 수업 지도안을 재구성하여 담고 있다. 국제이해교육과 세계시민교육에 관한 다양한 이야기를 발굴하고 창의적인 수업 지도안을 개발해 주신 예비교사들과 지도해 주신 교수님들께 깊이 감사드린다.

또한 본 연구 과제의 책임연구자이자 이 책의 편집을 이끈 전주교육대학교 이경한 교수를 비롯하여, 연구진으로 함께해 준 광주교육대학교대 김다원 교수와 중앙대학교 김선미 교수님도 감사의 말씀을 드린다. 아울러 아태교육원 연구개발실 지선미 실장과 이지현 전문관의 노고에도 감사드린다.

이 책이 학교와 지역사회에서 스토리텔링 교수법을 통해 세계시민교육을 실천하고자 하는 모든 분들에게 유용한 길잡이가 되기를 바란다.

유네스코 아시아태평양 국제이해교육원
원장 임현묵

들어가는 말

우리가 살아가는 글로벌 시대의 세계에는 다양한 자연환경을 배경으로 다양한 삶이 존재한다. 세계 속의 사람들은 다양한 환경을 토대로 하여 저마다의 생활양식을 가진 문화를 만들어 내고 그 문화의 영향을 받으며 살아가고 있다. 그리고 사람들이 살아가는 그곳에는 무수한 삶의 스토리가 있다. 온 세계에는 자연환경과 인문 환경을 배경으로 펼쳐지는 사람들의 수많은 스토리로 가득 차 있다. 그 스토리 중 일부는 문자 언어로 책이라는 그릇에 담겨 세상에서 살아가는 다양한 수많은 사람에게 전해지고 있다. 세계의 스토리를 담은 수많은 책은 때론 사실을 바탕으로 때론 허구를 담아서 학생들의 상상력을 자극하기에 충분하다.

책은 학생들에게 스토리텔링을 위한 다양한 콘텐츠를 주고 있다. 책 속의 다양한 스토리 콘텐츠를 활용한 스토리텔링은 학생들에게 세계시민으로서의 역량을 기르는 데 매우 유용한 방법이다. 스토리텔링 방법은 학생들이 직간접적으로 세계를 경험하는 풍부한 기회를 제공해 준다. 그리고 스토리텔링 방법은 세계인들이 만들어 낸 과거와 현재의 가치와 지혜를 서로가 서로에게 전해 준다. 이런 면에서 스토리텔링 방법은 세계시민교육의 방법으로서 적절성을 지니고 있다. 그래서 본 도서에서는 세계 시민성 함양을 위한 교육용 콘텐츠를 발굴하고, 스토리텔링 방식을 활용하여 세계시민교육을 실행할 수 있는 수업 모듈을 개발하여 제시하고 있다.

본 도서에서는 세계시민교육의 중심 영역인 문화다양성교육, 평화교육과 지속가능발전교육을 중심으로 중학교와 고등학교 수업에 적용할 수 있는 수업안을 제공하고 있다. 본 도서의 수업안은 2024년과 2025년에 실시한 '한·중·일 국제이해교육/세계시민교육 스토리텔링 프로젝트'에 참여한 현직 예비 중등교사들이 개발하였다. 본 수업안 중 문화다양성교육 수업안 개발에는 전주대학교 사범대학 예비교사 오지성, 이연재, 조서윤과 성신여자대학교 사범대학 예비교사 김송현, 이지영, 최지은이 참여하였다. 평화교육 수업안 개발에는 공주대학교 사범대학 예비교사 박창근, 안혜진, 이민선, 장세연과 일본 테이쿄대학 예비교사 사카네 라나, 지노우치 사에, 이시이 나나미, 코자와 유카가 참여하였다. 그리고 지속가능발전교육 수업안 개발에는 이화여자대학교 사범대학 예비교사 성은서, 하승희, 김태랑과 중국 북경사범대학 예비교사 리루오빙, 한쭈오옌, 왕야하오가 참여하였다. 예비 중등교사들의 수업안 개발을 지도해 주신 전주대학교 사범대학 교육학과 서재복 교수, 성신여자대학교 사범대학 사회교육과 조대훈 교수, 공주대학교 사범대학 지리교육과 임은진 교수, 일본 테이쿄대학 나카야마 교수, 이화여자대학교 사범대학 사회과교육과 이종원 교수와 북경사범대학 강영민 교수께 감사드린다. 그리고 본서를 발간할 수 있도록 도움을 준 유네스코 아시아태평양 국제이해교육원 임현묵 원장께도 감사드린다.

　본 도서는 제I장 스토리텔링을 활용한 세계시민교육, 제II장 스토리텔링을 활용한 세계시민교육 수업의 실제로 구성되어 있다. 본 도서에서 다루고 있는 문화다양성, 평화교육과 지속가능발전 수업안들은 중등학교의 사회, 과학, 국어 등의 교과 수업과 비교과 수업 등에서 활용할 수 있다. 궁극적으로 본서가 세계시민교육이 지향하는 '더 정의롭고, 평화로우며, 관용적이며, 포용적이며, 안전하고, 지속 가능한 세상을 만드는 데' 기여하기를 바란다.

2025. 11.
저자를 대표하여 이경한

차례

발간사 5

들어가는 말 6

I. 스토리텔링을 활용한 세계시민교육 9

   1. 스토리텔링의 개념과 교육적 효과 10

   2. 세계시민교육과 스토리텔링 15

   3. 세계시민교육에서 스토리텔링의 교육적 효과 22

II. 스토리텔링을 활용한 세계시민교육 수업의 실제 29

   1. 문화다양성교육 수업의 실제 26

   2. 평화교육 수업의 실제 63

   3. 지속가능발전교육의 실제 114

참고문헌 145

스토리텔링을 활용한 세계시민교육

1. 스토리텔링의 개념과 교육적 효과

스토리텔링(storytelling)은 이야기(story)를 전달(telling)하고 공유하는 과정으로, 독자 또는 청자에게 전달하고자 하는 내용을 청각, 촉각, 시각, 후각, 미각 등 다양한 감각을 활용하여 재미있고 생생하며 설득력 있게 전달하는 것을 의미한다. 스토리텔링은 명확한 목적을 가지고 독자 및 청자와 소통하며, 항상 청중의 수준과 상황을 고려한다. 이는 단순히 정보를 전달하는 방식을 넘어 감성과 체험을 기반으로 한 지식 전달을 가능하게 한다. 실제로 사람들은 딱딱한 지식보다 체험적이고 감성적인 지식에 더 쉽게 공감하며, 스토리 안에서 직접 경험하며 얻게 되는 지식에 높은 만족도를 보인다(이상민, 2009). 따라서 스토리텔링은 사람들의 감성을 자극하여 공감을 형성하고, 효과적인 소통을 가능하게 하는 수단이라 할 수 있다.

스토리는 문헌, 유물, 사실 등을 바탕으로 관찰, 체험 또는 상상을 통해 형성되며(박덕규, 2008), 서사 구조를 갖추면서 문학작품으로 창조된다. 전래동화, 신화, 설화뿐만 아니라 작가의 창작 소설, 에세이, 시, 시조 등도 모두 문학작품에 포함된다. 현대에는 이러한 문학작품이 디지털 매체와 결합하여 영화, 드라마, 애니메이션, 웹툰 등 다양한 영상 매체로 확장되고 있다. 스토리는 사건, 배경, 인물이라는 구성 요소를 가지고 시간적 연결(시작-중간-끝)을 통해 기술되며, 이는 단순한 정보 전달과는 차별화된다. 즉, 스토리텔링은 주인공, 사건, 배경의 상호작용을 따라가며 독자가 상황을 이해하고 생각과 감정을 동반하도록 유도하는 과정이다.

21세기 세계화·정보화 시대에 스토리텔링이 주목받는 이유는 인간의 본질적 특성과 밀접하게 관련된다. 첫째, 인간은 본질적으로 이야기하고 듣고자 하는 욕구를 가진다(이상민, 2009). 사회적 상호작용에 기반한 인간의 사회성은 오늘날 세계화와 정보화로 활동 범위와 소통 대상이 확장되면서, 자신의 이야기와 타인의 이야기를 공유하고 공감대를 형성하는 과정을 통해 공동체를 형성하는 데 기여한다. 둘째, 현대 사회는 감성 기반 사회로 변화하고 있다. 과거 지식 기반 사회에서는 객관적·현실적 사실 중심의 이야기(리얼리즘)가 주류였다면, 현재는 상상과 창조적 경험을 담은 감성적 이야기의 중요성이 강조되고 있다(이상민, 2009). 셋째, 정보 기술의 발달은 이야기 전달의 매개 역할을 수행한다. 디지털 미디어의 확산으로 이야기의 생산과 소비가 다양화되었으며, 이야기는 사람 간 소통의 주요 수단으로 자리매김하게 되었다.

스토리텔링은 현장성, 반영성, 유동성, 즉시성, 축적성의 다섯 가지 특성을 가진다(이상민, 2009). 현장성은 참여자가 '지금 여기'에서 상황을 체험하는 듯한 몰입을 제공하며, 반영성은 참여자의 반응을 감지하여 스토리의 흐름을 조절할 수 있는 능력을 의미한다. 유동성은 전달 매체와 상황에 따라 내용과 형식을 변화시킬 수 있는 특성이고, 즉시성은 시공간 제약 없이 스토리를 재현할 수 있는 능력이며, 축적성은 참여자 간 상호작용을 통해 스토리를 변형하고 누적하는 특성을 말한다.

이러한 특성 덕분에 스토리텔링은 다양한 교육적 효과를 발휘한다. 첫째, 스토리텔링은 시뮬레이션과 행동 동기 부여를 가능하게 한다(Chip Heath & Dan Heath, 2007). 참여자는 스토리를 통해 상황을 이해하고 행동 방안을 예측하며, 공감을 통해 실제 행동으로 이어지도록 유도된다. 둘째, 스토리텔링은 오락적 요소와 결합되어 학습 참여를 촉진한다. 어린 시절 동화책 읽기와 같이 재미를 기반으로 한 활동은 학습의 능동적 참여와 경험 세계 확장에 기여한다. 셋째, 스토리텔링은 문제 해결 능력을 지원한다. 시뮬레이션적 접근을 통해 문제 상황과 원인을 이해하고, 다양한 대안을 시연하며 상황에 맞게 조정할 수 있다. 실제로 정신적 시뮬레이션만으로도 육체적 연습의 상당 부분과 유사한 학습 효과를 얻을 수 있다(Chip Heath & Dan Heath, 2007). 넷째, 스토리텔링은 지속적 변화를 유도한다. 서사 구조(발단-전개-절정-결말)를 통해 인간 삶의 모형을 제시하며, 이를 바탕으로 참여자는 이후 상황을 상상하고 적용하며 사고와 행

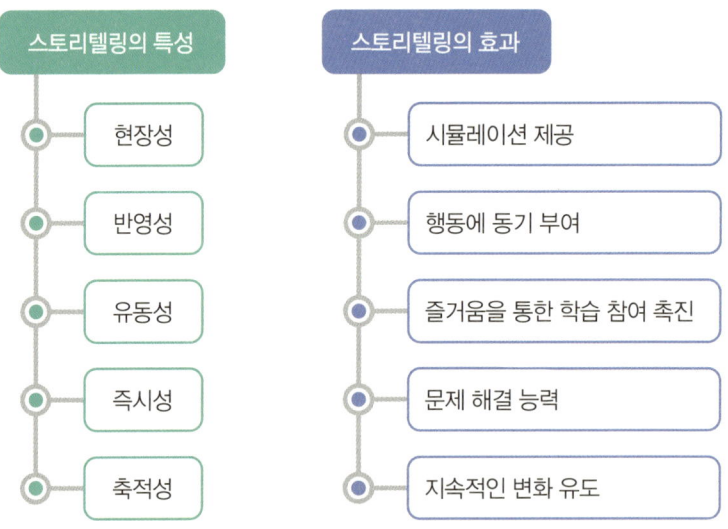

그림 1. 스토리텔링의 특성과 효과

동 변화를 지속적으로 경험하게 된다.

결론적으로, 스토리텔링은 단순한 이야기 전달을 넘어 감성적 공감, 몰입적 학습, 문제 해결 능력 향상, 행동 변화 및 사회적 상호작용 촉진 등의 교육적 효과를 가진 강력한 수단으로서 21세기 교육 현장에서 중요한 역할을 수행한다.

그렇다면 스토리텔링의 효과는 어디에서 나타나는가? 칩 히스와 댄 히스(안진환·박슬라 역, 2007)는 스토리가 갖는 교육적·심리적 효과를 SUCCES라는 여섯 가지 특성으로 설명한다. 첫째, 단순성(Simplicity)이다. 스토리는 복잡하고 다양한 현실 세계의 사례를 독자의 수준에 맞게 단순화하여 전달함으로써 이해를 돕고 흥미를 유발한다. 또한 대상 독자에 따라 스토리의 길이와 복잡성을 유동적으로 조절할 수 있어, 학습자 맞춤형 학습 환경을 제공할 수 있다.

둘째, 예상치 못한 상황(Unexpectedness)이다. 스토리의 전개는 도입 → 전개 → 절정 → 결말의 서사 구조를 가지며, 절정 부분에서 예상 밖의 사건이나 갈등이 나타나 독자의 주의를 집중시킨다. 이를 통해 독자는 기존 상식에 의존하지 않고 다양한 관점과 상황을 경험하게 되며, 학습 과정에서 창의적 사고와 문제 해결 능력을 자극받는다.

셋째, 구체성(Concreteness)이다. 스토리는 구체적 사건과 상황을 포함하여 독자가 등장인물과 함께 사건을 체험하도록 한다. 독자는 스토리 속 상황을 자신의 삶과 연관 지어 이해하며, 사

그림 2. 스토리의 특성

건의 진행과 결말을 예측하고 분석하는 능력을 기를 수 있다.

넷째, 신뢰성(Credibility)이다. 스토리는 초기 도입 단계에서부터 구체적 상황에 기반한 서사 흐름을 따라 전개되므로, 독자는 결말에 도달할 때까지 이야기의 전개를 자연스럽게 수용하며 신뢰를 형성한다. 비록 가상의 체험이지만, 독자는 현실에서 경험한 것과 유사한 공감을 통해 스토리를 신뢰 가능한 정보로 인식하게 된다.

다섯째, 감정적 반응(Emotion)을 불러일으킨다. 독자는 스토리의 전개 과정에서 인물과 사건에 공감하며 감정적으로 반응한다. 특히 문제 해결 과정에서의 성공 또는 실패에 따라 적절한 정서적 반응을 경험하고, 이를 통해 사건의 원인과 해결 과정을 성찰하며 학습과정에 몰입하게 된다.

여섯째, 삶의 한 단면을 반영하는 스토리(Story)이다. 스토리는 사람들의 일상, 경험, 특정 상황의 한 단면을 반영하며, 현실적이지 않더라도 가능한 상황을 제시함으로써 독자가 이를 생활의 모형으로 받아들이고 자신의 경험과 연결시켜 사고할 수 있게 한다. 이러한 특성들은 스토리텔링이 단순한 이야기 전달을 넘어 학습과 공감, 문제 해결 및 행동 변화에 이르기까지 다층적인 효과를 가지는 이유를 보여 준다.

스토리텔링의 SUCCES 특성은 기후환경 교육과 인공지능(AI) 기반 학습에 적용하여 설명할 수도 있다. 첫째, 단순성(Simplicity) 측면에서 기후환경 문제는 복잡한 과학적, 사회적 요인이 얽혀 있기 때문에 학습자가 이해하기 쉽도록 핵심 개념과 사례를 단순화하여 제공하는 것이 필요하다. 생성형 인공지능(Gen AI)은 방대한 데이터를 기반으로 핵심 정보와 관련 사례를 요약·재구성함으로써 학생 맞춤형 학습 자료를 생성할 수 있으며, 이를 통해 학습자는 복잡한 기후 체계를 단계적으로 이해할 수 있다.

둘째, 예상치 못한 상황(Unexpectedness) 특성을 활용하면 기후변화와 관련한 극단적 사례나 시나리오를 스토리 안에 포함시켜 학습자의 흥미와 참여를 유도할 수 있다. 인공지능 기반 시뮬레이션과 결합한 스토리텔링은 학습자가 예상하지 못한 결과와 상호작용하도록 설계하여 문제 상황에서 다양한 해결 전략을 탐색하게 한다. 이는 학습자의 창의적 사고와 비판적 사고 능력 향상에 기여한다.

셋째, 구체성(Concreteness)은 학습자가 실제 환경과 관련된 사건, 인물, 지역 사례 등을 구체적으로 체험하며 학습하도록 한다. 예를 들어, 인공지능이 생성한 가상 시나리오에서 학생들은 특정 지역의 기후환경 문제를 조사하고, 등장인물의 선택과 행동을 분석하며 기후환경 문제 해결 과정을 실습할 수 있다. 이를 통해 학습자는 추상적 개념을 실질적 경험으로 연결하고, 문제 해결 능력을 심화할 수 있다.

넷째, 신뢰성(Credibility)은 인공지능이 제공하는 기후 데이터 기반 정보와 과학적 근거를 활용하여 스토리의 사실성을 높임으로써 학습자의 신뢰를 확보할 수 있다. 학습자는 가상 시나리오와 현실 데이터를 함께 탐색하며, 스토리를 학습의 근거로 받아들이고 합리적인 판단과 행동 계획을 세울 수 있다.

다섯째, 감정적 반응(Emotion) 특성은 학습자가 기후위기 문제의 심각성을 공감하도록 유도한다. 스토리텔링을 통해 학습자는 기후환경 사례에 감정적으로 몰입하며, 문제 해결 과정에서의 책임감과 주도성을 경험한다. 인공지능 기반 피드백과 상호작용을 통해 학생들은 자신의 선택과 행동이 스토리 전개에 영향을 미친다는 점을 체험하며, 지속적 학습 동기를 갖게 된다.

마지막으로, 삶의 한 단면을 반영하는 스토리(Story) 특성은 학생들이 기후환경 문제를 현실적 맥락 속에서 이해하고, 자신의 생활과 행동에 적용하도록 돕는다. 인공지능과 스토리텔링의 결합은 가상 기후환경에서 다양한 시나리오를 반복 실험하고, 문제 해결 전략을 조정하며 학습자의 경험을 누적시키는 데 유리하다. 이는 단순 지식 전달을 넘어, 학습자의 체계적 사고력과 자기주도적 문제 해결 능력 향상에 기여하며, 궁극적으로 지속 가능한 사회적 행동 변화를 이끌어낼 수 있다.

2. 세계시민교육과 스토리텔링

2.1 유네스코 세계시민교육의 목표와 내용[1)]

유네스코는 2015년 발간한 〈세계시민교육: 주제와 학습 목표(Global Citizenship Education: Topics and Learning Objectives)〉에서 학교 현장에서 세계시민교육을 구현하기 위한 지침을 제시하였다(UNESCO, 2015). 해당 지침서에서는 세계시민교육을 받은 학습자가 갖추어야 할 핵심 특성을 세 가지로 제시하였다.

첫째, 지식과 비판적 문해력이다. 학습자는 글로벌 거버넌스 체계와 구조, 글로벌 및 지역적 이슈, 이들의 상호 연계성과 의존성을 이해하고, 비판적·분석적 사고를 통해 이러한 문제에 접근할 수 있어야 한다. 둘째, 사회적 관계 속에서 다양성을 존중하는 태도이다. 이는 글로벌 사회가 지닌 다양성을 인식하고 존중하며, 타인과의 상호작용에서 필요한 지식과 기능, 가치, 태도를 갖추는 것을 의미한다. 셋째, 윤리적 책임감을 바탕으로 적극적으로 참여하는 시민성이다. 학습자는 윤리적 책임을 다하며, 개인과 집단 차원에서 행동함으로써 글로벌 사회를 보다 나은 방향으로 개선하는 데 기여해야 한다.

또한, 지침서에서는 세계시민교육의 핵심 주제 영역을 세 가지 차원으로 구분하였다. 지식과 비판적 사고력 영역은 세계 체제와 구조, 지구적 상황 및 이슈에 대한 내용 지식과 더불어 상황과 문제, 체제에 대한 비판적 사고 능력을 함양하는 교육을 포함한다. 사회적 관계와 다양성 존중 영역은 다양한 차원의 정체성과 문화적 다양성을 인식하고, 상호 연결성과 상호존중의 가치를 이해하도록 하는 교육을 지향한다. 마지막으로 윤리적 책임감과 적극적 참여 영역은 개인과 집단 차원에서 윤리적 책임감을 기반으로 한 실천과 참여를 촉진하는 교육을 목표로 한다(김다원, 2016, 18-20). 이러한 세 영역은 상호 연계되어 학습자가 지식, 태도, 가치와 행동을 통합적으로 개발할 수 있도록 설계되어 있다.

궁극적으로 유네스코가 제시한 세계시민교육은 학습자가 보다 포괄적이고 정의로우며 평화로운 세상을 만들어 가는 데 기여할 수 있도록 필요한 지식, 기술, 가치, 실천 역량을 개발하도

[1)] 김다원, 2016, 18-20의 내용을 부분 발췌함.

표 1. UNESCO가 제시한 세계시민의 특성 교육의 핵심 주제 영역과 세부 학습 내용

핵심 주제 영역	세부 학습 내용
지식과 비판적 사고력 (인지적 영역)	1. 지방, 국가, 세계의 체제 및 구조 2. 지방, 국가, 세계 차원에서 공동체 간 상호작용 및 관계에 영향을 끼치는 이슈들 3. 현상의 이면에 존재하는 전제와 권력의 역학관계
사회적 관계와 다양성 존중 (사회-정서적 영역)	4. 다양한 차원의 정체성 5. 사람들이 소속된 다양한 공동체와 이들의 연결 양상 6. 차이와 다양성에 대한 존중
윤리적 책임감과 적극적 참여 (행동적 영역)	7. 개인 및 집단 차원에서 실천할 수 있는 행동 8. 윤리적으로 책임감 있는 행동 9. 행동에 참여하고 실천에 옮기기

출처: UNESCO, 2015, 28.

록 하는 변혁적 교육이라 할 수 있다(UNESCO, 2015, 19). 특히, 다른 기관에서 제시한 세계시민교육과 차별화되는 핵심 특징은 행동적 영역의 강조에 있다.

오늘날 학교 현장에서 세계시민교육의 핵심 내용을 정리하면 크게 네 가지 영역으로 구분할 수 있다. 첫째, 인지적 영역이다. 인지적 영역에서는 인권, 평등, 정의 등 인류 보편적 가치에 대한 이해, 문화 정체성과 다양성 관련 지식, 지역 및 세계 쟁점에 대한 이해, 지속가능발전, 세계화 및 세계 체제, 권력과 거버넌스 구조 등 글로벌 상호의존성을 포함한 지식이 포함된다. 이를 기반으로 세계시민교육의 인지적 내용은 세계화 및 세계 체제(정치·경제적 체제 포함), 문화 다양성, 지역·세계 쟁점, 인류 보편적 가치의 네 가지 범주로 체계화할 수 있다.

둘째, 기능적 영역이다. 기능 영역에서는 비판적 사고, 분석적 사고, 의사결정, 의사소통, 협업 능력, 정보화 활용 능력 등을 포함한다. 특히, 비판적 사고와 분석적 사고, 의사소통 능력은 모든 기관에서 공통적으로 중요하게 다루는 항목이며, 미디어 및 정보화 기술 능력은 세계적 규모의 사회에서 미디어를 활용한 학습 접근 필요성을 반영한다.

셋째, 사회·정서적 영역이다. 이 영역은 공감, 타인 존중, 타문화 존중, 참여적 태도, 공동체 의식, 개방적 태도, 글로벌 마인드 등을 포함하며, 특히 공감, 다양성 존중, 참여와 책임감은 모든 기관에서 중요하게 강조된다.

마지막으로, 행동적 영역이다. 행동적 영역은 학습자의 참여와 실천을 중심으로 구성되며, 유네스코 세계시민교육에서는 인지적 영역과 사회·정서적 영역과 동등한 비중으로 교육할 것을

표 2. 유네스코의 세계시민교육 내용

인지적 영역	사회-정서적 영역	행동적 영역
• 지방, 국가, 세계의 체제 및 구조 • 지방, 국가, 세계 차원에서 공동체 간 상호작용 및 관계에 영향을 끼치는 이슈들 • 현상의 이면에 존재하는 전제와 권력의 역학관계 • 사람들이 소속된 다양한 공동체와 이들의 연결 양상	• 다양한 차원의 정체성 • 차이와 다양성에 대한 존중	• 개인 및 집단 차원에서 실천할 수 있는 행동 • 윤리적으로 책임감 있는 행동 • 행동에 참여하고 실천에 옮기기

강조한다. 이는 단순한 지식 습득이나 태도 함양에 그치지 않고, 학습자가 실제 행동과 참여를 통해 세계시민으로서의 역량을 발휘하도록 유도하는 데 핵심적 의미를 갖는다.

오늘날 요구되는 세계시민교육은 글로벌 사회에서 개인의 역량을 강화하고, 윤리적 책임을 실천할 수 있는 태도와 적극적 행동을 이끌어내는 교육으로 정의할 수 있다. 즉, 학습자가 자신이 속한 세계 공동체에서 시민으로서의 역할을 준비하고, 자신의 권리와 책무를 인식하도록 돕는 교육이다.

세계시민교육의 인지적 영역에서는 인권, 자유, 평등, 민주주의 등 인류 보편적 가치와 더불어 다양한 문화, 세계 및 지역 쟁점, 지역·국가·세계 체제와 그 상호연계성 및 상호의존성을 포함한다. 이를 통해 학습자는 지역, 국가, 세계 수준의 다양한 구성체제와 문화, 사회적 문제, 인간 보편적 가치를 이해하게 된다.

사회·정서적 영역에서는 학습자가 글로벌 사회에서 보편적 인류로서 소속감과 공생의 태도를 형성하도록 지원하며, 행동적 영역에서는 자신이 속한 공동체의 긍정적 발전을 위해 필요한 적극적 행동 의지와 역할 수행 능력을 길러준다. 특히 행동적 영역은 학습자가 세계 시민으로서 책임과 역할을 실제로 수행할 수 있는 기능과 역량을 포함한다.

이러한 핵심 내용 영역들은 초·중·고등학교 전 과정에서 다뤄질 수 있으며, 학년 수준에 맞는 사례와 세부 주제 설정이 필요하다. 이를 통해 단계별 학습자가 점진적으로 지식, 태도, 기능을 통합하여 실천할 수 있도록 설계하는 것이 중요하다.

2.2 세계시민교육에서 스토리텔링 방법

세계시민교육과 스토리텔링은 두 가지 차원에서 접근할 수 있다. 하나는 '세계시민교육을 위한 스토리텔링'이며, 다른 하나는 '스토리텔링을 위한 세계시민교육'이다. '세계시민교육을 위한 스토리텔링'은 세계시민교육과 관련된 다양한 스토리를 수집하고 이를 스토리 형태로 표현하는 것을 의미한다. 여기에는 전래동화, 신화, 소설, 시와 같은 문학작품뿐만 아니라 디지털 문화 콘텐츠 등 다양한 매체가 포함될 수 있다. 반면, '스토리텔링을 위한 세계시민교육'은 세계시민교육의 핵심 내용을 이야기로 재구성하여 널리 전달하는 방식으로, 인권, 평화, 민주주의, 정의 등의 인류 보편적 가치와 세계화, 문화다양성, 세계 쟁점, 환경 및 지속가능발전 등을 주제로 삼는다. 본서에서는 특히 '세계시민교육을 위한 스토리텔링'에 주안점을 두고 논의를 진행한다.

'세계시민교육을 위한 스토리텔링'을 구현하기 위해서는 먼저 관련 스토리를 수집하는 과정이 필요하다. 이 과정에서는 세계시민교육의 세부 주제 영역, 즉 인권, 평화, 민주주의, 정의 등의 인류 보편적 가치, 세계화 및 세계 체제, 문화다양성, 세계 쟁점, 환경 및 지속가능발전과 관련된 스토리를 발굴해야 한다. 또한 수집된 스토리는 학습자의 연령과 발달 수준을 충분히 고려하여 흥미와 이해를 동시에 유발할 수 있어야 한다. 예를 들어 유치원, 초등 저·중·고학년 학생, 중학생, 고등학생 등 학년 수준에 맞춰 스토리를 선정하는 것이 중요하다.

다음으로, 수집한 스토리를 효과적으로 전달하기 위해 서사 구조를 설정해야 한다. 스토리텔링에서 핵심 요소는 주인공과 그 주변 등장인물이 만들어 가는 사건이며, 사건은 발단, 전개, 절정, 결말의 구조를 따라 전개된다. 이러한 서사 구조는 학습자가 이야기 속 상황을 이해하고 감정적으로 몰입하며, 사건의 의미를 인식하도록 돕는다.

마지막으로, 스토리텔링은 시나리오 작성을 통해 완성된다. '세계시민교육을 위한 스토리텔링'의 시나리오는 일반적인 서사 구조를 학습자 중심으로 각색하여 구성해야 한다(옥한석, 2011). 시나리오에는 서사 행위자, 세계시민교육 주제, 시간적 흐름과 공간적 상황 등 구체적 요소가 조화롭게 배치되어야 한다. 특히 학습자를 주인공이나 주요 등장인물과 연계하여 사건이 발단, 전개, 절정, 결말의 구조로 전개되도록 구성하면 학습자의 몰입과 공감, 세계시민교육 관련 동기 유발 효과를 극대화할 수 있다. 또한 배경 설정은 세계시민교육의 맥락과 연계하여 학습자의 흥미를 유발하고 학습자의 이해와 실천을 촉진하는 방식으로 구성되어야 한다. 이를 통해 스토리텔링은 단순한 이야기 전달을 넘어 학습자의 감성, 공감, 참여를 기반으로 한 세계시민교육의 효과적 학습 도구로 활용될 수 있다.

표 3. 문학작품과 세계시민교육을 위한 스토리텔링 서사구조 비교

문학작품	세계시민교육을 위한 스토리텔링
주인공	주인공(학습자 연계)
등장인물	등장인물(학습자 연계)
배경	배경
주요 사건: 발단, 전개, 절정, 결말	주요 사건: 세계시민교육 관련 내용 중심, 흥미유발, 공감, 이해, 실천

2.3 세계시민교육을 위한 스토리텔링 교육에의 접근방법

세계시민교육을 위한 스토리텔링은 학습자가 글로벌 사회에서 세계시민으로서 필요한 역량을 함양할 수 있도록 다양한 관점을 통합하여 접근할 필요가 있다. 첫째, 글로컬(glocal) 관점이다. 학습자는 로컬과 글로벌 차원을 이원화하거나 분리하여 접근하기보다는, 지역적·세계적 차원을 상호 연계하고 상호 의존적으로 이해함으로써 글로컬 관점을 형성하도록 지도해야 한다. 이를 위해 학습자는 로컬의 사회현상과 문제를 글로벌 스케일에서 분석하며, 지역사회에서의 학습과 실천을 기반으로 세계시민의식을 형성하고 발전시킬 수 있다.

둘째, 통합적 관점이다. 세계시민교육은 인권, 평화, 문화다양성, 지속가능발전, 세계 쟁점 등 여러 영역을 포함하며, 글로벌 사회 현상과 문제는 복합적 요인으로 서로 연결되어 있다. 따라서 학습자는 다양한 주제를 통합적으로 이해하도록 교육되어야 하며, 교과 간 연계와 통합적 접근을 통해 세계시민교육 중심의 교육과정을 재구성하는 것이 바람직하다.

셋째, 비판적·창의적 관점이다. 세계시민은 글로벌 사회에서 발생하는 여러 사회현상과 문제에 관심을 갖고, 이를 비판적 시각으로 분석하며 창의적 해결 방안을 모색할 수 있는 능력을 갖추어야 한다. 세계시민교육은 이러한 비판적·창의적 사고력 함양을 핵심 목표로 삼아, 학습자가 능동적으로 사회문제 해결에 참여하고 글로벌 사회의 긍정적 발전에 기여할 수 있도록 지원해야 한다.

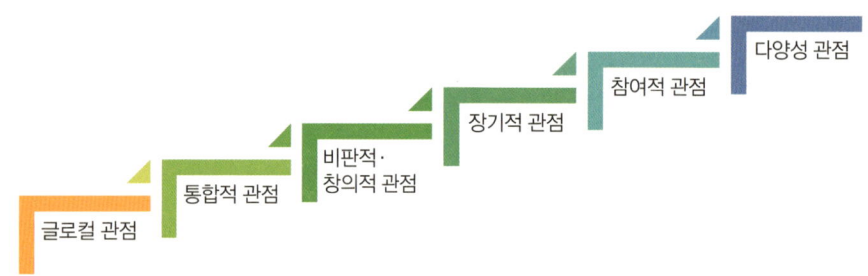

그림 4. 세계시민교육을 위한 스토리텔링 교육에의 접근

넷째, 장기적 관점이다. 세계시민교육에서 다루는 인권, 평화, 문화다양성, 지속가능발전 등은 단기적 성과뿐만 아니라 다음 세대에까지 지속적으로 영향을 미치는 교육 내용이다. 따라서 학습자는 현재 사회뿐 아니라 미래사회의 맥락을 고려하며, 장기적인 사회 발전을 위한 교육의 필요성을 이해하고 이를 바탕으로 행동할 수 있어야 한다.

다섯째, 참여적 관점이다. 세계시민교육의 궁극적 목표는 학습자가 세계시민으로서 적극적 실천을 수행하도록 돕는 것이다. 이를 위해 학습자는 자신을 성찰하고 사회적 책임을 인식하며, 사회와 공동체에서 적극적으로 역할을 수행할 수 있는 태도와 능력을 함양해야 한다. 교육과정은 학습자가 이러한 실천적 태도와 능력을 기를 수 있도록 체계적으로 구성되어야 한다.

마지막으로, 다양한 관점이다. 글로벌 사회에서 세계시민은 다양한 사람, 종교, 문화와 함께 생활하며, 사회현상을 이해하고 문제를 해결할 수 있어야 한다. 이를 위해 학습자는 다양한 관점을 공감하고 비판적으로 수용할 수 있는 태도를 지니며, 글로벌 사회에서 발생하는 복합적 문제에 대해 존중과 실천을 기반으로 대응할 수 있는 역량을 갖추어야 한다.

이와 같이 세계시민교육을 위한 스토리텔링은 글로컬적 이해, 통합적 사고, 비판적·창의적 사고, 장기적 시각, 참여적 태도, 그리고 다양한 관점 수용 능력을 통합적으로 학습자에게 제공함으로써, 학습자가 글로벌 사회에서 책임 있는 세계시민으로 성장하도록 지원할 수 있다.

2.4 세계시민교육을 위한 스토리텔링 활용 교육을 위한 교수방법

세계시민교육의 학습 방법은 학습자의 역량과 태도를 종합적으로 함양할 수 있는 다양한 접근을 필요로 한다.

첫째, 협력에 기반한 학습(Collaboration Based Learning)이다. 세계시민교육의 궁극적 목표는 글로벌 사회에서 평화롭고 공생할 수 있는 자질을 함양하는 것이며, 이를 위해 나와 다른 사람들과의 협력적 태도와 실천력이 중요하다. 이러한 협력적 태도는 단순한 교과 내용 학습보다는 학습 과정이나 일상생활에서 실제 협업 행동을 실천하면서 자연스럽게 길러질 수 있다. 따라서 세계시민교육에서는 협업이 가능한 학습 환경을 조성하고, 학습자들이 실제로 협력하며 문제를 해결할 수 있는 기회를 제공하는 것이 필수적이다.

둘째, 토의·토론에 기반한 학습(Dialogue Based Learning)이다. 글로벌 사회에서 발생하는 문제는 로컬과 글로벌 관점이 동시에 고려되어야 하며, 절대적인 해결 방안이 존재하지 않기 때문에 참여자 간의 토의와 토론이 필수적이다. 토의와 토론은 학습자의 비판적·창의적 사고력과 밀접한 관련이 있으며, 내용 지식뿐만 아니라 공적인 정당성을 찾아가는 태도와 방법을 학습을 통해 습득할 수 있다. 이러한 과정에서 학습자는 다양한 의견을 경청하고 비판적으로 수용하며, 존중하는 태도를 기르게 된다. 이를 통해 학습자는 민주주의 사회에서 필요한 합리적 의사결정 능력과 글로컬 관점에서 문제를 분석·해결하는 역량을 동시에 함양할 수 있다.

셋째, 문제에 기반한 학습(Problem Based Learning)이다. 세계시민교육에서는 인권, 평화, 문화다양성, 지속가능발전, 세계 쟁점 등 핵심 주제를 중심으로 학습을 전개하며, 관련 사회현

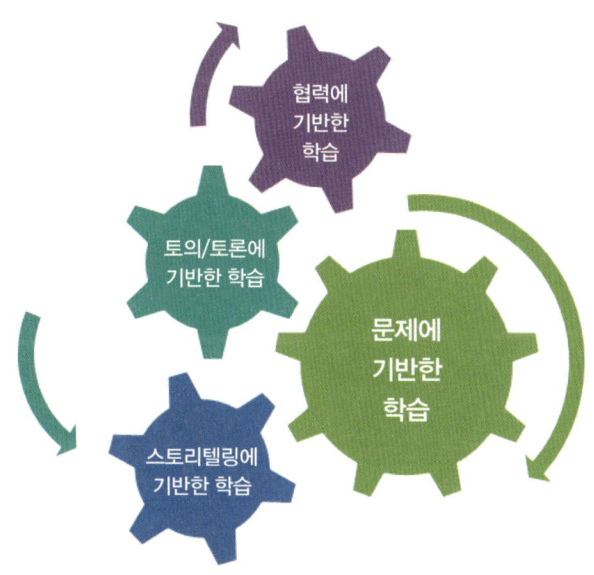

그림 5. 세계시민교육을 위한 스토리텔링 활용 교수방법

상과 문제를 탐구하게 한다. 학습자는 문제의식을 바탕으로 사회현상과 문제를 심층적으로 분석하고, 원인을 파악하며 다양한 해결 방안을 모색한다. 이러한 학습을 통해 학습자는 사회현상 및 문제에 대한 관심을 높이고, 문제 해결 능력을 함양하며, 나아가 글로벌 사회에서 책임 있는 시민으로서의 역할 수행을 준비할 수 있다.

넷째, 스토리텔링에 기반한 학습(Storytelling Based Learning)이다. 세계시민교육에서 타인의 상황에 대한 공감 능력은 핵심 역량으로, 직접적 체험이 가장 효과적이나 시간적·공간적 제약이 있다. 이에 학습자는 간접적 체험을 통해 상황을 이해하게 되며, 스토리텔링은 간접 경험을 효과적으로 제공한다. 특히 도서는 과거의 사실뿐만 아니라 가상의 상황을 전제로 한 스토리를 담고 있어, 미래 상황을 예측하고 준비할 수 있는 시뮬레이션의 기회를 제공한다. 이를 통해 학습자는 장기적 시점에서 문제 상황을 상상하고 대응 전략을 탐색하며, 공감 능력과 문제 해결력을 동시에 강화할 수 있다.

3. 세계시민교육에서 스토리텔링의 교육적 효과

세계 곳곳의 이야기는 과거와 현재, 그리고 다양한 장소에서 일어난 인간의 삶을 담고 있다. 이러한 스토리는 학습자가 세계와 타인을 이해하는 데 매우 유익한 텍스트로 작용하며, 특히 문학작품을 비롯한 다양한 문화콘텐츠는 스토리텔링을 위한 중요한 자료가 된다. 세계 각국의 문학과 문화적 스토리에 관심을 갖고 이해하려는 과정 자체가 이미 세계시민으로서의 기본적 자질을 형성하는 출발점이 된다. 즉, 다른 문화와 스토리에 대한 관심이 세계시민교육의 기초적 기반을 마련하는 셈이다.

스토리텔링은 스토리를 매개로 생각을 공유하고, 말하는 사람과 듣는 사람을 연결하며, 학습자가 자신의 삶과 경험 속에서 스토리를 변형하고 재구성하도록 돕는다. 이러한 과정은 세계시민교육에서 변혁적 교육(transformative education)을 실현할 수 있는 효과적인 방법으로 기능한다. 학생들은 스토리텔링을 통해 경험한 내용을 자기 삶에 맞게 적용하고 문제를 해결하거나 자신의 가치를 발견함으로써, 능동적이고 창의적인 학습 주체로 성장할 수 있다. 또한 스토리의 주체적 재구성은 학생들이 스토리 작가(storyteller)로서 자신만의 표현을 만들어내는 과정으로 이어지며, 생명력 있는 스토리는 다른 학습자들에게도 깊은 감동과 공감을 제공한다.

두 번째로, 스토리텔링은 공감 교육(empathy education)에 효과적이다. 스토리를 듣고 이해하는 과정에서 학생들은 화자의 입장에 몰입하며 타자의 상황과 감정을 체험하게 된다. 이러한 경험은 글로벌 사회에서 타자와 타문화에 대한 이해와 존중을 높이고, 상호문화적 이해(intercultural understanding)를 촉진한다. 특히 국제적 쟁점이나 글로벌 사회문제를 스토리텔링을 통해 다룸으로써, 학생들은 자신의 삶과 연결하여 문제의식을 형성하고, 비판적·주체적 관점을 갖출 수 있다. 또한 화자 자신이 스토리에 몰입하여 전달하는 과정은 청자의 공감 능력을 증진시키는 데 중요한 역할을 한다.

셋째, 스토리텔링은 융합 교육(convergence education)에 도움을 준다. 스토리는 교과 간, 지식 간, 경험 간의 연결고리를 제공하여 학생들이 다양한 영역의 정보를 종합적으로 이해하도록 돕는다. 스토리텔링을 활용한 수업에서는 교과 내용과 세계시민교육 주제를 접목시켜, 학습 경험을 의미 있게 매개하고 통합할 수 있다. 이 과정은 학생들이 분절된 지식을 넘어서 사고와 경험을 통합하고, 창의적·비판적 사고를 발휘하도록 촉진한다. 특히 세계시민교육의 범교과적 특성과 연결될 때, 스토리텔링은 학생들이 일상적 경험과 교과 지식을 결합하여 세계 문제를 이해하고 해결방안을 탐색하는 능력을 강화할 수 있다.

넷째, 스토리텔링은 미디어·디지털 리터러시(media and digital literacy)의 신장에도 기여한다. 스토리텔링 과정에서 학생들은 텍스트와 기호를 해독하고 의미를 구성하는 능력을 배운다. 디지털 매체를 활용한 스토리텔링은 시청각 자료, 영상, 뉴스, 사회관계망 등 다양한 매체를 분석하고 이해하도록 하며, 세계의 정보와 사회현상을 해석하는 능력을 신장시킨다. 이를 통해 학생들은 세계시민으로서 정보와 미디어를 비판적으로 이해하고, 자신의 판단과 행동을 형성할 수 있다.

한편, 스토리텔링 활용에는 몇 가지 유의점이 있다. 스토리는 문화적 맥락을 담고 있으므로, 문화적 편견이나 차별적 시각이 포함되지 않았는지 신중히 검토해야 한다. 스토리 선택 시에는 학습 목적과 가치 기준에 맞는 공정하고 다양성 있는 콘텐츠를 선정해야 하며, 교사와 학생이 선정 기준을 공유하고 함께 선택하는 방식이 바람직하다. 또한 선진국이나 주류 문화 중심의 스토리 편중을 피하고, 소수 문화, 사회적 약자, 저개발국 등 다양한 문화적 배경을 포함해야 한다. 마지막으로 스토리의 인기나 흥미 위주로 선택하는 것은 지양하고, 세계시민교육의 핵심 가치인 인권, 평화, 문화다양성, 지속가능발전의 관점에서 스토리를 선정해야 한다.

  결론적으로 스토리텔링은 세계시민교육에서 변혁적 교육, 공감 교육, 융합 교육, 미디어·디지털 리터러시를 동시에 실현할 수 있는 강력한 교수·학습 방법이다. 학생들은 스토리텔링을 통해 자신과 타자, 타문화, 글로벌 사회를 이해하고, 이를 자신의 삶과 연결하여 세계시민으로서의 역할과 책임을 준비할 수 있다. 이러한 점에서 스토리텔링은 세계시민교육이 지향하는 정의롭고 관용적이며 조화로운 세계를 만드는 데 핵심적인 교육적 도구라 할 수 있다.

II

스토리텔링을 활용한 세계시민교육 수업의 실제

1. 문화다양성교육 수업의 실제

● **수업 구성 개요**

유네스코 세계시민교육 연계 요소
○ 다양성 차원의 정체성
○ 차이와 다양성의 존중
○ 사람들이 속한 다양한 공동체와 공동체 간의 상호연계 방식
○ 참여하고 실천하기

…▶ 문화다양성교육			
학교급	학습 주제	학습 내용	개발자 및 지도자
중학교	다름을 넘어, 함께하는 문화다양성 여행	문화다양성의 이해 세계의 축제문화 다양한 문화특징의 이해	전주대학교 사범대학 예비교사 오지성, 이연재, 조서윤 지도: 전주대학교 서재복 교수
	다양한 불평등 이해 및 해결방안 탐색	다양한 유형의 불평등과 사례 다양한 불평등의 해결방안 탐색	성신여자대학교 사범대학 예비교사 김송현, 이지영, 최지은 지도: 성신여자대학교 조대훈 교수

다름을 넘어, 함께하는 문화다양성 여행

개요

학습 목표	인지적 영역	문화다양성의 개념을 이해하고, 다양한 문화의 특징과 차이점을 분석하는 사고력을 기른다.
	사회·정서적 영역	소그룹 토의, 모둠 활동, 포스터 감상 등을 통해 서로의 생각을 존중하고, 다양한 문화에 대한 공감 능력을 키운다.
	행동적 영역	축제 조사와 포스터 제작 등 실제 활동을 통해 문화다양성에 대한 이해를 표현하고 실천한다. 포스터 전시와 감상 활동을 통해 다양성을 존중하는 행동을 경험하고 실천한다.
학습유형		팀 기반 학습(TBL), 협동학습
장소		강의실
활용 자료		도서, 활동지, 영상자료 등

수업에서 주안점

❶ 이 수업은 학생들이 문화다양성의 의미를 이해하고, 서로 다른 문화를 존중하는 태도를 기를 수 있도록 구성한다.

❷ 책 읽기, 탐구활동지 작성, 발표, 포스터 제작 등 다양한 활동 중심의 수업을 통해 학생들의 적극적인 참여를 유도한다.

❸ 교사와 학생, 학생과 학생 간의 활발한 상호작용을 통해 사고를 확장하고 협력적인 학습 분위기를 형성한다.

❹ 등장인물의 경험에 공감하거나 자신의 생각을 표현하는 활동을 통해 학생들이 문화에 대해 감정적으로 연결할 수 있는 기회를 제공한다.

❺ 수업에서 배운 내용을 바탕으로 실제 포스터를 제작하고 발표하는 과정을 통해 문화다양성에 대한 이해를 행동으로 실천할 수 있도록 한다.

> 선정 도서 미리 읽기

한집에 62명은 너무 많아!

송미영 저, 김다정 그림, 2016, 사계절

주제: 한집에 62명은 너무 많아! 도서는 동화 형식의 생생한 이야기와 배경 지식을 통해 배우는 세계 문화 이해 교육 내용의 동화책이다.

『한집에 62명은 너무 많아!』는 식사 준비, 청소, 장보기, 세탁 등 어떤 일이든 62인분을 처리해야 하는 필리핀의 대가족 이야기, 먹고 마시고 입고 자는 모든 일에서 어떤 생명도 해치지 않도록 따지고 또 따져서 세상에서 가장 까다롭게 식탁을 차리는 인도 자이나 교도의 음식 이야기, 가축과 자연을 지키고 이동 생활을 위해 게르에서 살아가는 몽골의 주거 문화 이야기가 흥미진진하게 펼쳐진다. 우리와 달라도 너무 다른 가족, 음식, 집에 관한 문화다양성 이야기 세 편을 통해, 서로 다른 문화를 존중하고 이해하려는 태도만큼이나 중요한 건 서로에게 배우려는 자세임을 깨우쳐 주는 사회 그림책이다.

세계의 축제 문화

원융희, 2003, 백산출판사

주제: 지구촌 각 대륙의 나라들을 선정하여 각국의 문화행사를 사진과 함께 설명하고 살펴보며 우리의 축제 문화에 대하여 고찰해 보는 책이다.

이 책은 아시아, 유럽, 아메리카, 중동·아프리카 등 세계 여러 대륙의 대표 국가들을 선정하여 각국의 독특한 문화행사와 축제를 생생한 사진과 함께 소개하며, 독자들이 세계 다양한 문화를 이해하고 경험할 수 있도록 구성된 문화 교양서이다. 중국, 인도, 프랑스, 브라질, 이스라엘 등 여러 나라의 축제를 통해 각국의 전통과 지역성을 살펴볼 수 있으며, 이를 바탕으로 우리나라 축제 문화의 특징과 발전 방향에 대해 비교하고 성찰해 볼 수 있는 기회를 제공한다.

[1차시] 교수-학습 과정안

개요

차시명	『한집에 62명은 너무 많아!』를 읽고 문화다양성에 대해 알아보기 (1/3)	대상	중학교 2학년
학습목표	• 문화다양성의 의미를 이해하고 설명할 수 있다. • 『한집에 62명은 너무 많아!』를 읽고 다양한 문화의 특징을 찾아 표현할 수 있다. • 다른 사람의 문화적 배경을 존중하고 다양성을 받아들이는 태도를 기를 수 있다.		
교수 학습 자료	교사	『한집에 62명은 너무 많아!』, PPT, 탐구활동지1	
	학생	『한집에 62명은 너무 많아!』, 필기도구, 전자기기	
주의점	교사와 학생 간의 활발한 상호작용을 통해 학생들이 책 내용을 파악하도록 지도한다.		

과정

단계	학습 내용	교수 학습 활동	시간(분)	자료
도입	동기유발 및 학습목표 확인	• 이전 차시에 진행한 다문화교육에 대해 상기시킨다. 다문화교육 마인드맵을 활용하여 학생들이 시각적으로 전시 학습 내용을 상기할 수 있도록 한다. ▷ 전 차시에서 우리는 다문화교육에 대해 배웠습니다. 기억나는 학생 있나요? • 교사는 세계 여러 나라의 문화 사진과 영상을 보여 주며 학생들의 흥미를 유도한다. 세계 여러 나라는 대륙별로 학생들이 생소할 만한 1~2개의 나라들을 제시한다. (예: 아시아-캄보디아, 인도네시아) ▷ 오늘은 문화다양성에 대해 알아볼 것입니다. ▷ 이 축제는 어떤 나라의 축제일까요? 사람들은 왜 서로에게 색 가루와 물감을 뿌릴까요? 이 문화는 인도의 홀리축제입니다. 인도에서 봄의 시작을 알리고 선이 악을 이긴 것을 기념하기 위해 열리는 전통축제입니다. • 교사는 학습목표를 제시한다. (『한집에 62명은 너무 많아!』를 읽고 다양한 문화에 대해 이해하고 받아들이는 태도를 기른다.)	5	다문화교육 마인드맵 문화 사진, 카드, 문화 관련 영상

단계	학습 내용	교수 학습 활동	시간 (분)	자료
전개	개념 소개	• 교사는 학생들에게 문화다양성에 대해 설명한다. ▷ 문화다양성이란 서로 다른 생각과 표현의 차이를 이해함으로써 다양함이 공존되는 사회를 이루고자 하는 정신을 뜻합니다.	5	PPT
	책 읽기	• 교사는 학생들에게 『한집에 62명은 너무 많아!』를 소개한다. ▷ 오늘 읽을 책은 다양한 문화와 종교를 가진 사람들이 서로를 이해하고 존중하는 이야기입니다. 책을 통해 문화다양성이 실제 생활에서 어떤 의미를 가지는가 알아볼 것입니다. • 학생들과 함께 책을 읽는다. 책을 읽으며 교사는 중간중간 질문을 통해 학생들의 생각을 유도한다. ▷ 라주는 어떤 문화로 인해 어려움을 겪고 있나요? (문화의 이해) ▷ 라주의 할아버지는 왜 수도승이 되려고 하나요? (다양성의 공존) • 학생들은 교사의 질문과 책 내용을 바탕으로 탐구활동지 1을 작성하여 내용과 본인의 생각을 정리한다. [탐구활동지 1] 1. 라주는 어떤 아이인가요? 2. 라주가 처한 상황은 무엇인가요? 3. 라주의 가족의 종교는 무엇이고 어떤 특징을 가지고 있나요? 4. 이 책을 읽고 어떤 느낌을 받았나요? • 작성한 탐구활동지 1을 바탕으로 3~4명 규모의 소그룹을 구성한다. • 각 소그룹에서는 탐구활동지 1 내용을 서로 공유하며, 특히 느낀 점을 중심으로 서로의 생각을 비교하고 공감하는 시간을 갖는다.	독서 15 활동 10	• 도서 (2인당 1권) • 탐구활동지 1

	kahoot	• Kahoot를 통해 책의 내용을 파악한다.
		1. QR 코드를 통해 게임에 참가한다.
		2. 책의 내용을 참고하여 정답을 맞춘다.
		  Q1. 라주의 고민은 무엇인가요?
		  Q2. 자이나교에 대한 설명과 거리가 먼 것은?
		우수한 성적을 거둔 3명의 학생에게 교사는 미리 준비한 선물을 제공한다. (강화물을 즉각적으로 제공함으로써 수업에 몰입을 증가한다.)		

정리	느낀점 나누기	• 교사는 학생들과 탐구한 책내용을 정리하며 생각을 공유하게 한다. ▷ ○○ 모둠~ 책 속의 등장인물처럼 서로 존중한다는 건 어떤 의미일까요? • 교사는 학생들에게 오늘 배운 내용을 함께 정리한다. ▷ 문화 다양성이란 무엇인가요?	10	
	차시 예고	• 다음 차시를 예고한다. – 다음 시간에는 각 나라의 문화를 잘 보여 줄 수 있는 세계 여러 축제에 대해 알아볼 거예요.		

평가 계획

평가 내용	평가 기준		평가 방법
문화다양성을 이해하고 세계 여러 나라 문화를 이해할 수 있는가?	매우 우수	다양한 나라의 문화적 특징을 이해하고, 문화다양성의 의미를 구체적이고 창의적으로 설명할 수 있다.	동료평가 자기평가
	우수	여러 나라의 문화를 기본적으로 이해하고 있으며, 문화다양성에 대한 생각을 표현할 수 있다.	
	보통	문화다양성이나 세계문화의 이해, 표현 내용의 구체성이 부족하다.	
	미흡	다양한 나라의 문화를 더욱 폭넓게 조사해 보고, 문화다양성의 가치에 대해 자신의 생각을 더 깊이 있게 표현해 보고, 관련 도서나 영상자료를 추가로 제공한다.	

자료

이전 차시에 작성한 다문화교육 마인드맵을 활용하여 학생들이 다문화교육 내용과 문화다양성을 시각적으로 이해하고 상기할 수 있다.

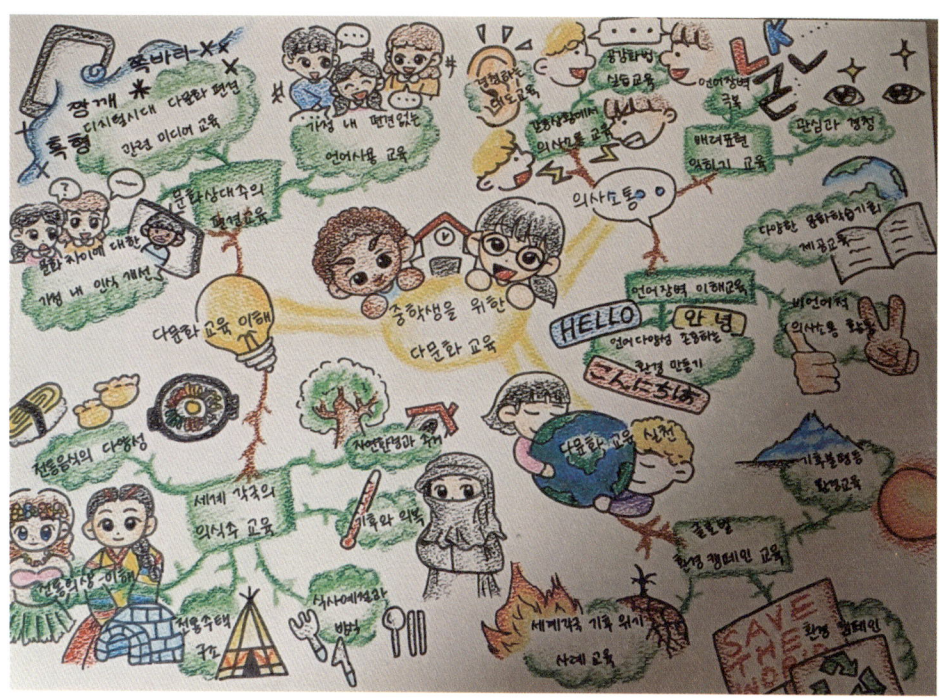

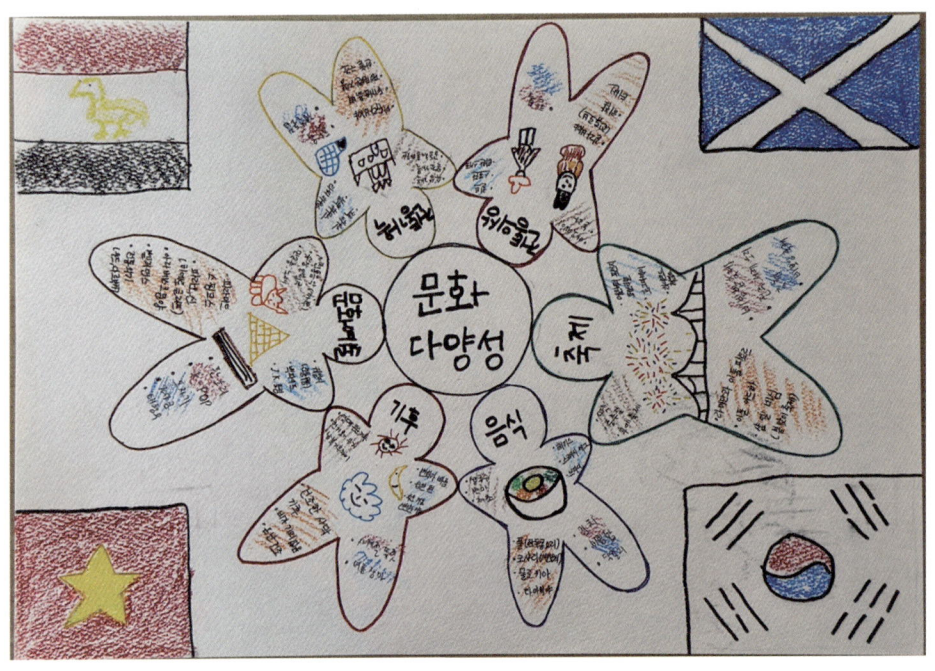

탐구활동지

1. 『한집에 62명은 너무 많아!』를 읽고 다음 탐구활동을 해 봅시다.

_____ 중학교　　　『한집에 62명은 너무 많아!』　　　___월 ___일

라주의 고민

라주가 처한 상황을 생각하며 활동지를 작성해 봅시다.

반: _____　이름: _____

라주는 어떤 아이인가요?
- 라주는 어느 나라 사람인가요?
- 라주의 성격은 어떤가요?

라주의 가족의 종교는 무엇이고 어떤 특징이 있나요?
- 종교의 이름은?
- 책 속에 담긴 종교의 특징을 적어 보세요.

라주의 고민은 무엇인가요?
- 라주의 고민은 무엇인가요?
- 어떻게 해결되었나요?

이 책을 읽고 어떤 느낌을 받았나요?

- 온라인 퀴즈 프로그램 kahoot을 통해 책 내용을 기억하고 수업에 집중할 수 있다.

① kahoot 시작 화면

② 문제 화면

③ 학생 화면

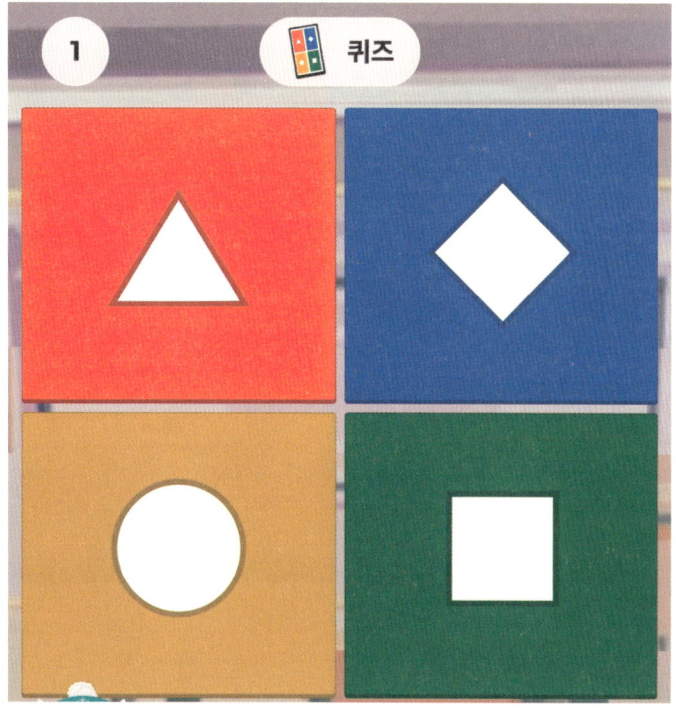

④ 교사 화면(PC): 학생들이 고른 답이 표시된다.

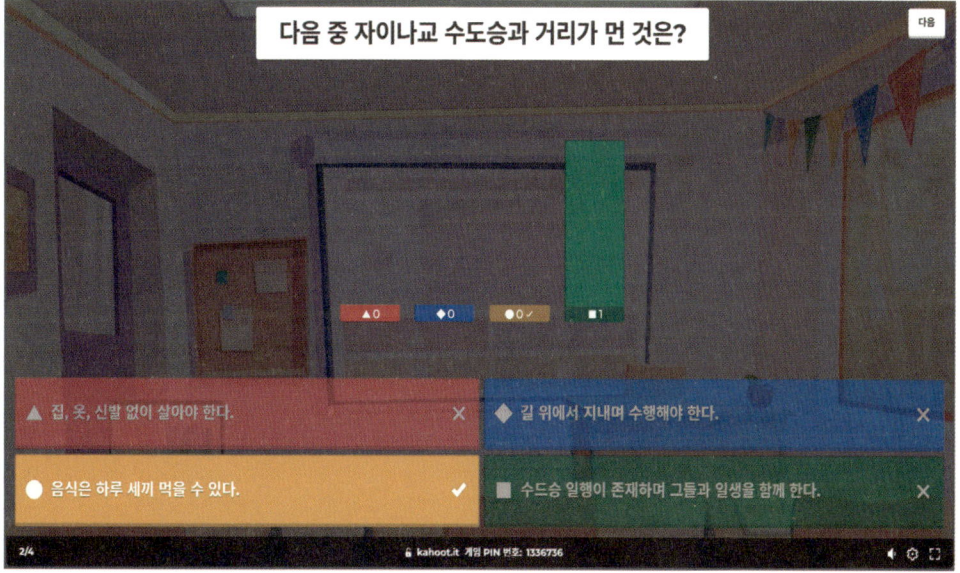

II. 스토리텔링을 활용한 세계시민교육 수업의 실제

⑤ 점수 게시판 화면: 정답을 맞춘 학생에게 아래와 같이 점수가 부여된다. 정답을 빠르게 맞힐수록 점수가 높다.

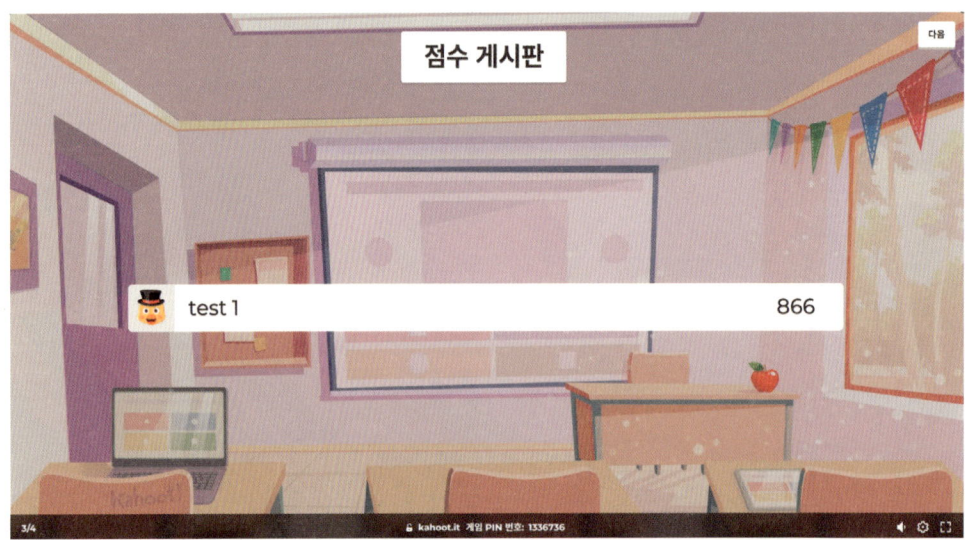

⑥ 시상식 화면: 모든 퀴즈가 끝나고 점수에 따른 시상식을 한다.

[2차시] 교수-학습 과정안

개요

차시명	세계 축제를 통해 문화다양성 이해하기 (2/3)	대상	중학교 2학년
학습목표	• 세계 여러 나라의 축제를 조사하여, 문화마다 다른 특징을 이해할 수 있다. • 축제를 통해 문화다양성의 예시를 찾고, 발표를 통해 다른 사람과 공유할 수 있다. • 다양한 문화가 공존하는 사회의 의미를 이해하고 존중하는 태도를 기를 수 있다.		
교수 학습 자료	교사	책(축제 관련 도서), PPT, 탐구활동지 2, 탐구활동지 3	
	학생	필기도구, 전자기기	
주의점	학생들이 전자기기를 수업 목적으로만 활용해야 할 것을 주의한다.		

과정

단계	학습 내용	교수 학습 활동	시간(분)	자료
도입	동기유발 및 학습목표 확인	• 전 차시 내용 상기 ▷ 지난 시간에 읽은 책 내용이 기억나나요? ▷ 책에서 다양한 문화가 어떻게 드러났나요? • 문화다양성 개념을 간단히 복습한다. • 축제를 통한 문화다양성에 대해 학습할 것임을 알려 준다. ▷ 각 나라의 문화를 가장 잘 보여 주는 축제에 대해 배울 거예요.	5	
전개	조사 대상 선정	• 교사는 각 모둠에 세계 축제 관련 도서를 배부한다. • 모둠별로 흥미있는 축제 한 가지를 선택한다. • 선택한 축제를 주제로 어떤 문화에 대해 탐구할지 모둠별로 상의한다.	5	• 축제 도서
	축제 도서 읽고 파악하기	• 모둠별로 정한 축제를 인터넷, 도서, 사진 자료 등으로 자세히 알아본다. • 알아본 내용을 바탕으로 탐구활동지 2를 작성하며 책 내용을 이해하고 정리한다. ▷ 선생님이 나눠 준 이 축제 관련 도서를 살펴보고 탐구활동지 2에 성실히 답변해 주시길 바랍니다.	10	• 축제 도서 • 탐구활동지 2

단계	학습 내용	교수 학습 활동	시간(분)	자료
	축제 초대장 기획하기	• 관심 있는 축제를 선정하고 그에 대해 자세히 알아보는 활동을 진행한다. 탐구활동지 3을 작성해 보도록 한다. 예) 축제의 유래, 음식, 음악, 의상 등 ▷탐구활동지 2에서 찾아본 다양한 축제 중에 하나를 모둠별로 선택해 주시고 태블릿과 책을 이용하여 탐구활동지 3을 작성해 봅시다.		• 태블릿PC • 탐구활동지 3
	발표 및 피드백	• 모둠별로 축제 소개 발표를 진행한다. (모둠당 3분 이내) • 교사와 학생들은 피드백 나누기를 진행한다. ▷이 축제에서 문화다양성을 느낀 부분은 무엇인가요?	15	
정리	느낀점 나누기	• 모든 조의 발표가 끝난 후 발표한 축제를 비교하며 문화다양성의 가치를 다시 정리한다. ▷다양한 축제에 대해 알아보았는데 어떤 생각이 들었나요? ▷다양한 문화가 공존한다는 것은 어떤 의미일까요?	10	
	다음 차시 예고	• 다음 차시를 예고한다. • 차시 예고 내용 제시 ▷다음 시간에는 여러분이 조사하고 작성해 본 기획서를 바탕으로 4절지에 초대장을 만들어볼 거예요. 혹시 채색 도구를 활용하고 싶은 학생이 있다면 준비해서 와 주세요.		

평가 계획

평가 내용		평가 기준	평가 방법
세계 축제를 통해 다양한 문화 특징을 이해할 수 있는가?	매우 우수	세계 축제를 통해 각 나라의 문화적 특징(의식, 전통, 가치관, 유래, 의식주 등)을 깊이 있게 이해하고, 그 의미를 공통점과 차이점을 연결하여 풍부하게 표현할 수 있다.	동료평가 자기평가
	우수	세계 축제를 통해 각 나라의 문화를 이해하고 전통이나 특징을 설명할 수 있다.	
	보통	축제에 대해 일부 기억하지만 문화적 맥락이나 특징을 명확하게 이해하지 못하거나 설명이 부족하다.	
	미흡	축제에 담긴 문화적 배경이나 가치에 좀 더 주목해 보도록 안내하며 영상자료를 추가로 제공하여 문화적 시각을 확장하도록 돕는다.	

자료

탐구활동지

1. 『세계의 문화와 축제』를 읽고 질문에 답해 봅시다.

① Q. 이 책에는 어떤 나라들의 축제가 소개되어 있나요?
A. _____

② Q. 가장 기억에 남는 축제를 하나 골라, 그 축제에서 특별하다고 느낀 점을 적어 보세요.
A. _____

③ Q. 그 축제를 통해 알게 된 그 나라의 문화를 적어 보세요.
A. _____

④ Q. 우리나라의 축제(예: 설날, 추석 등)와 비교했을 때 어떤 점이 비슷하거나 달랐나요?
A. _____

⑤ Q. 이 책을 읽고 나서 세계 문화를 어떻게 바라보게 되었나요?
A. _____

⑥ Q. 내가 실제로 가 보고 싶은 축제는 어떤 축제인가요? 그 이유는 무엇인가요?
A. _____

2. 축제 초대장을 기획해 봅시다.

문화다양성 알아보기
축제 초대장 기획하기

모둠명	조원 이름	축제 나라

✹ **축제에 대해 알아봅시다.**

축제의 유래	
축제 의상	
축제 대표 음식	
축제 기간 및 계절	

✹ **멋진 축제 초대장을 만들기 위해 구상해 봅시다.**

[3차시] 교수-학습 과정안

개요

차시명	축제 초대장 만들기 (3/3)	대상	중학교 2학년
학습목표	• 축제에 대해 자세히 알아보고 창의적으로 표현하여 초대장을 완성할 수 있다. • 타인의 작품을 감상하며 다양한 문화의 특징을 이해하고 존중할 수 있다. • 초대장 만들기 활동을 통해 문화다양성에 대한 자신의 생각을 정리할 수 있다.		
교수 학습자료	교사	색칠 도구, 4절지 도화지	
	학생	필기도구	
주의점	• 초대장 제작 시 사실과 다른 정보를 넣지 않도록 유의한다. • 다른 조의 초대장을 감상할 때 예의를 지키며 소중히 다룬다. • 조별 활동 시 협력하여 역할을 분담하고, 모두가 참여할 수 있도록 유도한다.		

과정

단계	학습 내용	교수 학습 활동	시간(분)	자료
도입	동기유발 및 수업 내용 확인	▷오늘은 여러분이 선택한 축제를 바탕으로 포스터를 만들어 볼 거예요. ▷먼저 어떤 내용을 담을지 팀에서 간단히 계획해 보세요.	5	
전개	활동하기	• 교사는 활동 목표와 방법을 안내한다. ▷이번 시간에는 여러분이 선택한 축제를 바탕으로 축제 초대장을 제작합니다. ▷각 조에서 어떤 활동을 할지 정하고, 역할을 나누어 협력해 주세요. • 축제 초대장 제작하기 활동	35	색칠 도구 등
	전시회 하기	• 교사는 교실 앞이나 벽면에 완성된 초대장을 붙인다. • 학생들은 조별로 전시된 초대장을 감상한다. 관찰 포인트 제시: ▷이 축제는 어떤 문화의 특징을 담고 있나요? ▷흥미롭거나 새롭게 느낀 점은 무엇인가요? • 감상 중 피드백 스티커, 한 줄 감상 쓰기 등의 활동을 병행할 수 있다.		

단계	학습 내용	교수 학습 활동	시간(분)	자료
	키워드 구름 만들기	• Mentimeter를 통해 키워드구름 만들기 활동을 진행한다. (https://www.mentimeter.com) • QR을 통해 링크를 학생들에게 공유하고, 학생들은 지금까지 배운 내용의 키워드들을 3분간 최대한 많이 입력한다. • 교사는 키워드구름을 생성하고 학생들과 키워드를 살펴본다.		
정리	느낀 점 나누기	▷축제 초대장을 만들며 어떤 점을 새롭게 알게 되었나요? ▷다양한 문화가 공존한다는 것에 대해 어떤 생각이 들었나요?	5	

평가 계획

평가 내용		평가 기준	평가 방법
축제 초대장 만들기 활동을 통해 문화다양성에 대한 자신의 생각을 표현할 수 있는가?	매우 우수	초대장에 다양한 문화의 특징이 잘 드러나며, 문화다양성에 대한 자신의 생각을 논리적으로 정리할 수 있다. 문화에 대한 존중과 이해가 분명하다.	발표 작품평가 자기평가
	우수	문화다양성에 대한 기본적인 생각이 담겨 있지만 다소 평범하거나 모호하다.	
	보통	문화다양성에 대한 자신의 생각이 부족하게 표현되며 단순한 사실 나열이나 꾸미기에 치중되어 있다.	
	미흡	단순한 정보 전달을 넘어 자신의 생각과 감정을 담아 표현해 볼 수 있도록 유도한다. 문화다양성의 예시 또는 그에 대한 느낀 점을 적어 보는 활동을 추가로 제시할 수 있다.	

> 자료

● Mentimeter 활용

① 키워드 입력 후 생성하기

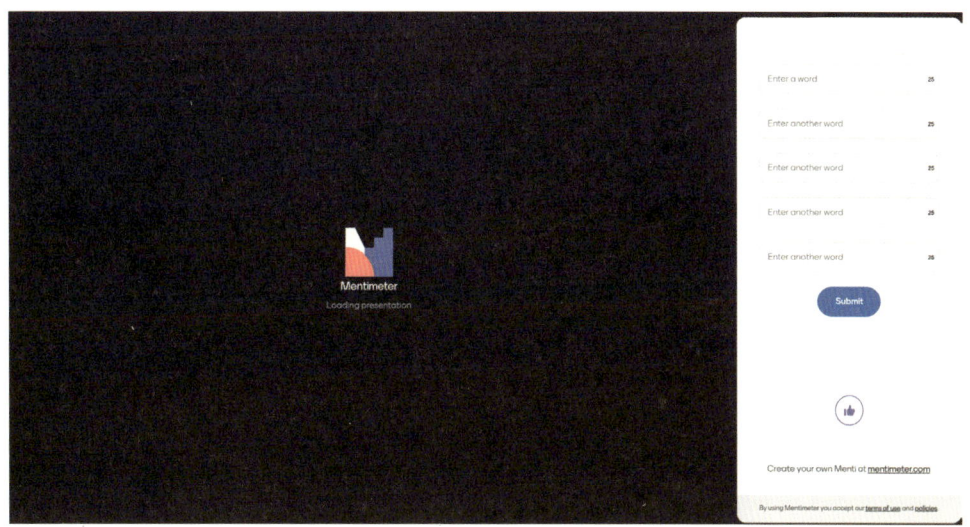

② 생성된 키워드구름

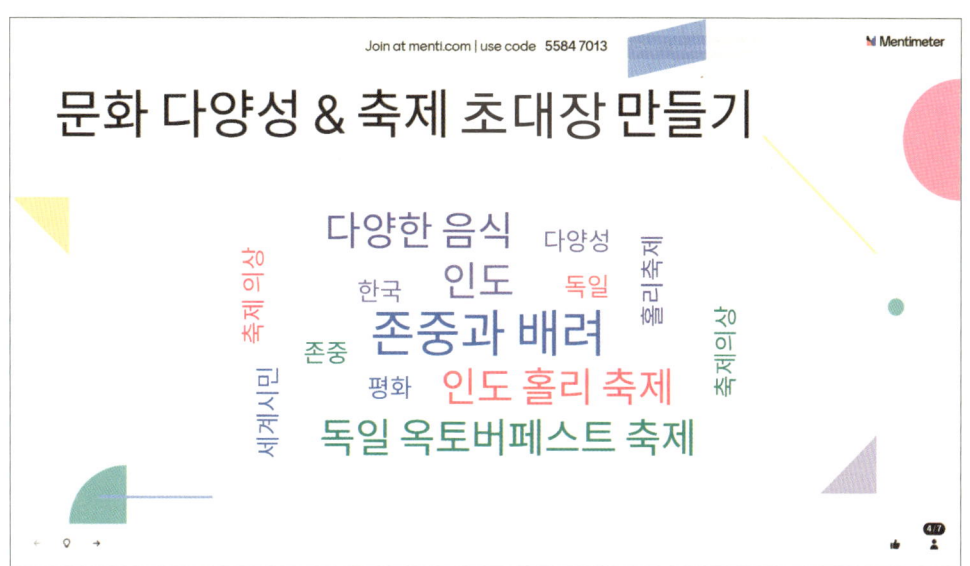

다양한 불평등 이해 및 해결 방안 탐색

개요

학습 목표	인지적 영역	다양한 유형의 불평등 사례를 파악하고 미디어 속 불평등 사례를 찾을 수 있다.
	사회·정서적 영역	사회적 소수자가 겪는 어려움을 이해하고 공감할 수 있다.
	행동적 영역	다양한 불평등의 해결 방안을 생각해 보고 내가 할 수 있는 행동을 실천한다.
학습유형		문제해결학습, 게임 활용 수업
장소		교실, 컴퓨터실(또는 스마트기기-태블릿)
활용 자료		「선량한 차별주의자」, 「불편해도 괜찮아 1」, 활동지, 게임

수업에서 주안점

❶ 교수-학습 과정안은 총 2차시의 수업으로 구성되었으며, 개념학습과 활동 학습으로 이루어져 있다. 이때 학생들이 다양한 사회적 불평등을 이해하고 그 해결 방안을 창의적으로 구상하도록 수업을 지도한다.

❷ 강의식 수업을 통한 개념학습 후에는 학생들의 모둠 활동으로 수업을 진행한다. 이때 교사는 이질적인 집단으로 모둠을 구성하여 학생들이 모둠 활동을 통해 타인에 대한 공감과 배려, 소통 등 심미적 감성 역량을 함양할 수 있도록 하고, 협력을 통해 보다 창의적인 해결 방안 모색을 돕는다. 학생들은 이 수업을 통해 비판적 사고력, 창의적 사고력, 문제 해결 능력을 키울 수 있을 것이다.

❸ 단순히 다양한 불평등의 사례를 이해하는 것이 아니라 불평등의 해결 방안을 모색하고 더 나아가 자신이 직접 실천할 수 있는 방안을 구상하도록 하여 우리가 세계 속의 공동체 일원임을 인식하도록 지도한다.

선정 도서 미리 읽기

선량한 차별주의자

김지혜, 2019, 창비

주제: 평범한 우리 모두가 '선량한 차별주의자'일 수 있다.

이 책은 다양한 논쟁을 버무려 우리 일상에 숨겨진 혐오와 차별의 순간들을 생생하게 담아냈다. 은밀하고 사소하며 일상적이고 자연스럽게 벌어지는 일들 속에서 '선량한' 우리가 놓치고 있던 '차별과 혐오의 순간'을 날카롭게 포착한다. '나는 차별하지 않는다'고 믿는 사람들의 선의 속에 존재하는 구조적 차별을 비판적으로 바라보며 타인의 존엄을 이해하고 사회적 약자를 이해하는 감수성을 요구한다. 단순히 '차별이 나쁜 것이다'를 가르치는 것이 아니라 이 책을 바탕으로 우리의 무의식 속의 불평등을 이끌어내려 한다.

불편해도 괜찮아 1

김두식, 2019, 창비

주제: 불편함에 익숙해져 버린 우리의 감수성을 터치한다.

이 책은 수많은 사람이 차별받고 있지만, 불편하지 않다는 이유로 많은 사람이 무심하게 지나치는 불평등 문제를 부각하고 있다. 작가는 청소년, 성소수자, 여성, 장애인 인권처럼 일상적인 문제부터 노동자, 종교와 병역거부, 검열 등 국가권력의 문제와 인종차별, 제노사이드와 같은 국제적 문제까지 다루고 있다. 다른 사람이 되어 보게끔 유도하여 불평등의 문제를 새롭게 인식하도록 하고 있다. 이 책을 통해 역지사지의 감정으로 다양한 소수자들이 겪는 어려움을 인식하고 공감하게 유도한다.

[1차시] 교수-학습 과정안

개요

차시명	다양한 유형의 불평등과 사례 알아보기	대상	중학교 2학년
학습목표	• 다양한 유형의 불평등을 이해할 수 있다. • 일상생활의 다양한 불평등 사례를 파악하고 미디어 속의 차별을 인식할 수 있다.		
연계 성취 기준	[9사(일사)02-02] 우리 주변에서 활용되는 미디어들을 탐색하고, 미디어를 통해 경험하는 다양한 문화와 정보들을 비판적으로 검토한다.		
교수 학습 자료	교사	『불편해도 괜찮아』, 활동지, PPT	
	학생	『불편해도 괜찮아』, 활동지, 필기구	

과정

단계	학습 내용	교수·학습 활동	시간 (분)	자료(+) 및 유의점(*)
	전시 학습 확인	• 제시한 책 『불편해도 괜찮아』의 독서 여부를 파악한다. – 책에 언급된 사례를 간단히 언급하며 수업을 시작한다.	5	
도입	동기유발	• 불평등/차별에 대한 영상 시청 • 영상을 본 학생들의 소감을 공유한다. ▷TV, 유튜브, 드라마, 광고, 뉴스 등을 보며 '이건 너무 불평등해'라고 느낀 적이 있나요? (유튜브 광고에서 여성은 가사 일만 하고 남성은 회사 일을 하는 장면을 강조해서 불평등하다고 느낀 적이 있었어요) ▷우리가 본 영상에서 차별이 있었나요? 무엇이 차별일까요? (우리도 평소에 젓가락질을 하지만 햄버거를 먹을 때는 손으로 먹는데 제대로 알아보지 않고 광고를 만들었어요) ▷맞아요, 우리가 당사자가 되니 정말 기분이 안 좋죠. 그런데 왜 이런 차별과 불평등은 계속될까요? (내 일이 아니라고 생각해서요) ▷잘 대답해 주었어요. 오늘은 다양한 유형의 불평등을 사례와 함께 살펴보는 시간을 가져 볼게요. 그 이후에는 영상에서 본 것처럼 미디어 속 불평등을 찾아보는 활동을 하겠습니다.		+ 불평등/차별 관련 영상 긴 젓가락으로 햄버거를…버거킹 광고 인종차별 논란 (JTBC) * 영상에 대해 자유롭게 의견을 공유할 수 있도록 분위기를 조성한다.

단계	학습 내용	교수·학습 활동	시간(분)	자료(+) 및 유의점(*)
	학습 목표 제시	• 학습 목표를 함께 읽으며 확인한다.		
	학습 순서 안내	[개념학습] 차별/불평등의 정의를 살펴보고 다양한 유형의 불평등을 알아보기 [활동] 미디어 속 차별/불평등 사례를 공유하기		
전개	개념 학습	차별/불평등의 정의를 살펴보고 다양한 유형의 불평등 알아보기 • 차별과 불평등의 개념을 제시한다. ▷ 차별당한다는 것, 불평등하다는 것은 무엇일까요? - ppt를 바탕으로 차별과 불평등의 개념을 각각 설명한다. • 추가 개념으로 형식적 평등과 실질적 평등을 제시한다. ▷ 형식적 평등과 실질적 평등은 무엇이 다를까요? 우리는 무엇을 추구해야 할까요? • 다양한 유형의 불평등을 제시한다. 일상생활에서 찾을 수 있는 불평등 예시를 각 유형에 맞게 제시한다. 〈다양한 유형의 불평등〉 - 성별 불평등: 성별에 따라 기회, 권리, 대우에 차이 발생 - 소득/계층 불평등: 소득과 자산의 격차로 인해 삶의 질에 차이 발생 - 지역 불평등: 거주 지역에 따라 교육, 의료, 복지, 일자리 등 삶의 기회 차이 발생 - 장애 관련 불평등: 장애인에 대한 사회적 배제, 접근권 제한 등 동등한 기회를 누리지 못하는 것 - 인종/민족 불평등: 인종, 출신 국가, 민족 등을 이유로 차별, 배제를 겪는 것 - 교육 불평등: 학업 성취와 기회가 사회 경제적 배경에 따라 차이가 나는 현상 - 젠더 정체성/성적 지향 차별: 성 소수자에 대한 사회적 차별과 배제	15	+ 학습지
	활동	미디어 속 차별/불평등 사례 공유하기 • 『불편해도 괜찮아』처럼 미디어 속 차별/불평등 사례 찾아 자료집 만들기 - 4인 1조로 모둠을 구성하여 앉는다. - 활동 내용을 순서대로 설명한다.		

단계	학습 내용	교수·학습 활동	시간(분)	자료(+) 및 유의점(*)
활동		〈미디어 속 차별 관찰일지 만들기〉 – 모둠원 4명이 한 조를 이룬다. – 자료조사를 통해 미디어(광고, 드라마, 영화, 유튜브, TV 프로그램) 속 차별/불평등 사례를 모둠원 각각 하나씩 찾는다. (이때 사례가 서로 겹치지 않도록 유의한다). – 사례를 찾을 때 일부러 불평등/차별 요소를 드러내 풍자하거나 비판하고 있는 것은 아닌지 정확히 의도를 파악한다. – 우리 조에서 찾은 미디어 속 불평등 사례를 학습지에 정리한다. – 교사가 제시한 패들렛에 모둠원 각각의 사례를 합쳐 업로드한다. – 우리 조의 미디어 속 차별/불평등 기록을 발표하여 다른 조와 공유한다. • 우리 조의 미디어 속 차별 관찰일지 발표하기 ▷여러분, 미디어 속 차별 관찰일지를 다 작성했나요? 그러면 지금부터 모둠별로 발표를 시작하겠습니다. ▷다른 친구들의 발표 내용을 들으며 다른 불평등 사례도 확인해 봅시다. 〈미디어 속 차별 관찰일지 만들기〉 – 각 조에서 1명이 발표를 맡아 우리 조의 미디어 속 차별 관찰일지를 발표한다. – 다른 학생들은 발표를 경청한다. ▷모두 잘 발표했어요. 다들 다양한 미디어 속 차별/불평등 사례를 제시했네요.	20	+ 활동지 및 패들렛 업로드가 가능한 전자기기 * 순회지도하며 전자기기를 수업 외의 용도로 사용하지 않는지 확인한다.
정리	정리 및 마무리	▷오늘 수업을 시작할 때, 미디어 속 차별/불평등 사례를 살펴봤죠. 그리고 미디어 속 차별/불평등 사례를 직접 찾기도 하였어요. 그렇다면 불평등이 계속 발생하는 이유는 무엇일까요? (내 일이 아닌 이상 관심을 가지지 않아서요) ▷다들 잘 말해줬어요. 불평등의 유형은 모두 달랐지만 결국 우리가 당사자가 아니라고 느껴 해결에 소극적이게 되며, 불평등이 유지되고 있어요. 미디어 속 차별/불평등 사례를 실제로 찾아보며 어떤 생각이 들었나요? (생각보다 미디어 속에서 차별/불평등이 많이 나타났어요). ▷맞아요. 여기 언급되지 않은 불평등 외에도 미디어 속에서 묘사하는 불평등은 우리 사회의 모습과 많이 닮아 있어요. 우리 다음 시간에는 여러 불평등 사례를 살펴본 것을 바탕으로 불평등을 해결할 수 있는 방법에 대해 고민해 보는 수업을 하도록 하겠습니다.	5	

> 평가계획

● 교사평가

평가 요소	매우 우수	우수	보통	미흡
개념 이해	차별/불평등의 개념과 유형을 명확히 이해하고 설명함	차별/불평등의 개념과 유형을 대부분 이해함	차별/불평등의 개념과 유형을 일부만 이해함	차별/불평등의 개념과 유형에 대한 이해가 부족함
사례 탐색 및 적용	다양한 미디어 속 사례를 정확히 찾고 내용이 충실함	다양한 미디어 속 사례 중 적절한 사례를 찾았으나 내용이 부족함	다양한 미디어 속 사례를 찾았으나 다소 부정확함	다양한 미디어 속 사례를 제시한 것이 부정확하고 내용이 부족함
모둠 활동 참여	적극적으로 의견을 제시하고 협력함	모둠 활동에 협력적이나 소극적으로 참여함	모둠 활동에 대한 참여가 소극적임	모둠 활동에 소극적이고 협력이 부족함
발표 및 소통	발표 내용이 명확하고 조리 있음	발표 내용이 대체로 명확함	발표 내용이 다소 부족함	발표 내용이 불명확함
경청 및 피드백	타인의 발표를 경청하고 적극적으로 피드백함	타인의 발표를 경청하며 피드백에 참여함	타인의 발표를 경청했으나 다소 소극적으로 피드백에 참여함	타인의 발표를 잘 경청하지 못하고 피드백에 거의 참여하지 않음

● 동료 및 자기평가

– 모든 동료 및 자기평가는 평가에 직접적으로 반영되지는 않으며 참고로만 사용한다.

순서	조원 이름	찾은 미디어 속 불평등 사례가 적절했나요? (1~5점)	사례에 대한 설명을 충실히 했나요? (1~5점)	총점
1				
2				
3				
4				

> 자료

1. 학생 활동지

① 미디어 속 불평등 관찰일지

미디어 속 불평등 관찰일지	_____중학교 2학년 _____반
	이름:

STEP 0. 조 이름 및 조원

조 이름	조원 이름

STEP 1. 내가 찾은 미디어 속 불평등 사례

미디어 종류	
차별/불평등 내용	
왜 불평등한가?	

STEP 2. 발표를 들으며

가장 인상 깊었던 조의 발표는?	
그 이유는?	

② 패들렛
- 미디어 속 불평등 관찰일지 업로드

2. 수업 자료
- 긴 젓가락으로 햄버거를… 버거킹 광고 인종차별 논란(JTBC 뉴스)

[2차시] 교수-학습 과정안

개요

차시명	평등을 찾아서: 6개의 문!	대상	중학교 2학년
학습목표	다양한 불평등의 해결 방안을 창의적으로 제시할 수 있다.		
성취 기준	[10사05-03] 사회문제의 발생 원인을 파악하고, 이를 해결하기 위한 방안을 탐색한다.		
교수 학습 자료	교사	QR 코드, 상황 카드, 미션 카드, PPT	
	학생	필기구, 학습지	

과정

단계	학습 내용	교수 학습 활동	시간(분)	자료(+) 및 유의점(*)
도입	수업 준비 및 전시 학습 확인	전시 학습 확인 • 지난 시간에 활동한 내용을 언급한다. ▷여러분 우리 지난 시간에 어떤 활동을 했는지 기억나나요? (네, 책처럼 미디어 속 불평등 사례를 찾아봤어요.) 맞아요, 오늘 수업에서는 다양한 불평등 사례에 맞는 해결 방안을 찾아보는 게임 활동을 할 거예요.	5	
	동기유발	• 전시 학습 복습 퀴즈 진행 - 이전 시간에 학습한 내용 중 오늘 수업에 필요한 내용을 중심으로 하여 복습 퀴즈를 진행한다. - 오늘 활동을 함께할 팀별로 퀴즈를 진행한다.		* 동기유발 게임에서 너무 많은 시간을 쓰지 않도록 빠르게 진행한다.
	학습 목표 제시	• 학습 목표를 함께 읽으며, 확인한다.	10	
	활동 안내	▷오늘도 4명이 한 팀이 되어 미션을 수행합니다. 우리에게는 총 6개의 방이 존재하는데요, 각각 젠더 불평등, 인종 불평등, 지역 불평등, 교육 불평등, 장애 관련 불평등, 소득 불평등입니다. 방마다 상황 카드랑 미션 카드가 존재하고 여러분은 팀별로 각 방의 상황 카드, 미션 카드를 하나씩 뽑아 미션 카드의 지령을 수행하면 됩니다. 순서대로 6개 방의 미션을 수행하여 모두 통과하는 팀이 승리합니다.		

단계	학습 내용	교수 학습 활동	시간(분)	자료(+) 및 유의점(*)
전개	활동	[활동 안내] – 6가지 유형의 불평등 방을 탈출하는 게임을 진행한다. 〈젠더 불평등, 인종 불평등, 지역 불평등, 교육 불평등, 장애 관련 불평등, 소득 불평등〉 – 상황 카드, 미션 카드를 하나씩 뽑아 미션 카드에 적힌 미션을 수행한다. – 미션을 통해 15점 이상을 획득하면 QR 코드를 통해 다음 방의 열쇠를 획득해 방을 탈출한다. – 모든 방의 열쇠를 획득하고 탈출하면 방탈출 성공! – 가장 먼저 탈출한 팀이 승리한다. 상황 카드의 문제 해결 방안 찾기 • 1장 젠더 불평등 예시 1. 〈상황 카드〉 우리 지역 신문에서 남성은 군인, 경찰과 같은 일을 하고, 여성은 가사일을 주로 하는 것으로 묘사하고 있어. 〈미션 카드〉 성평등 시각 자료 재디자인 하기: 기존의 자료를 성평등 요소를 포함하여 재구성해 보세요. – 필수 요소: 기존 이미지 문제점 파악, 새로운 이미지 스케치 및 설명 예시 2. 〈상황 카드〉 직업 체험 프로그램에 참가했는데 나는 남학생이라고 IT나 경찰, 군인 체험을 하래. 난 간호사가 궁금했는데 여학생들만 가능하다며 참여하지 못하게 했어. 〈미션 카드〉 성평등을 위한 캠페인 기획: 우리 지역의 성평등 의식 강화를 위한 캠페인을 계획해 보세요. – 필수 요소: 캠페인 제목, 핵심 슬로건, 대상, 실행 방식		

단계	학습 내용	교수 학습 활동	시간(분)	자료(+) 및 유의점(*)
전개		– 학생들은 팀별로 협업하여 상황 카드와 미션 카드를 확인하고 미션 카드의 미션을 수행한다. – 교사의 확인 후 15점 이상 획득 시 해당 방 탈출이 가능하다. • 2장 인종 불평등 〈상황 카드〉 최근 우리 반에 한국어가 서툰 외국에서 이주한 학생이 전학을 왔어. 그런데 일부 학생들이 그 친구의 억양이나 외모를 흉내내며 놀리는 일이 반복돼. 〈미션 카드〉 다문화 감수성 향상을 위한 캠페인을 기획해 보세요. • 3장 지역 불평등 〈상황 카드〉 전공 진로체험을 하고 싶었는데 수도권에서만 행사가 열려서 참가하지 못했어. 내가 사는 지역은 교통이 좋지 않아 수도권까지 이동하기가 너무 어려워. 〈미션 카드〉 지역 격차 해소를 위한 정책을 제안해 주세요. • 4장 교육 불평등 〈상황 카드〉 우리집은 경제적으로 여유가 없어서 디지털 기기를 갖기가 어려워. 그런데 수업을 온라인으로 진행하면서 내가 수업에 참여하는 것이 너무 어려워졌어. 〈미션 카드〉 교육 격차 해소 프로젝트를 기획해 보세요. • 5장 장애 관련 불평등 〈상황 카드〉 나는 몸이 불편해서 휠체어를 타고 이동해. 그런데 우리 학교는 통로가 너무 좁거나 엘리베이터가 없어서 내가 갈 수 없는 공간들이 많아. 〈미션 카드〉 우리 학교의 장애인을 위한 시설 3가지를 찾고 우리 학교에 없는 시설을 제안해 봅시다.	25	+ 게임 설명 PPT + 게임 자료(상황 카드, 미션 카드, 열쇠, 점수 카드) * 교사는 순회 지도를 통해 적절한 방안을 구상하고 있는지 확인한다.

단계	학습 내용	교수 학습 활동	시간(분)	자료(+) 및 유의점(*)
		• 6장 소득 불평등 〈상황 카드〉 나는 엄마랑 단둘이 사는데 우리 엄마는 마트에서 아침부터 밤까지 일해. 엄마는 열심히 일하시지만 우리 집은 경제적으로 어려워서 나는 수업 교재를 제대로 사기도 어려워. 〈미션 카드〉 소득 불평등을 완화할 수 있는 정책을 한 가지 제안해 봅시다.		* 팀 내부 경쟁요소, 팀별 경쟁요소를 부여해 수업의 흥미를 이끌어 낸다. * 수업 분위기가 너무 과열되지 않도록 조정한다.
정리	정리 및 마무리	▷오늘 우리는 6가지의 다른 불평등의 방을 탈출하는 게임을 해봤어요. 상황 카드와 미션 카드를 통해 각 유형의 불평등에 맞는 해결 방안을 구상해 보고 왜 그것이 문제인지 구체적으로 생각해 보았습니다. ▷오늘 활동에 대한 간단한 소감을 나눠볼까요? (게임을 통해서 불평등 해소 방안을 생각해 보니까 우리가 정말 불평등을 해결할 수 있을 것처럼 느껴졌어요). ▷맞아요. 각 조에서 적극적으로 문제 해결 방안을 내주었어요. 오늘 모두 창의적이고 재밌는 불평등 해소 방안을 잘 구상했습니다. 적극적으로 활동에 임한 우리 모두에게 박수치면서 수업 마무리합시다.	5	* 해당 수업은 생성형 인공지능을 통해 개발한 간단한 게임 앱으로도 진행 가능하다.

평가계획

● 교사평가

평가 기준	매우 우수	우수	보통	미흡
문제 이해도	문제의 핵심 원인을 명확하게 분석하고 문제 상황을 깊이 있게 이해함	문제의 핵심 원인을 파악했으나 분석의 설득력이 부족함	문제 상황에 대한 이해는 있으나 핵심 원인 분석이 부족함	문제 상황에 대한 이해가 부족하고 핵심 원인 파악이 부정확함
해결 방안의 창의성	새롭고 독창적이며 실현 가능성 있는 아이디어를 제시함	실현 가능한 아이디어를 제시했으며 비교적 창의적인 요소가 있음	창의적인 아이디어를 제시했으나 다소 실현 가능성이 낮은 아이디어를 제시함	실행 가능성이 낮고 현실성이 부족한 아이디어를 제시함
현실 적합성	실제 학생/지역사회에서 즉시 실행 가능한 구체적 계획을 제시함	실행 가능성 있는 계획을 제시했으며 약간 구체적임	실행 가능성은 있으나 계획이 다소 추상적임	실행 가능성이 낮고, 현실성이 부족한 계획을 제시함

협업 및 참여도	팀원과의 활발한 협업과 적극적인 의견 교환이 이루어졌으며 역할 분담이 탁월함	협업이 원활했으며 의견 교환이 이루어짐	협업은 있었으나 의견 교환이나 역할 분담이 제한적임	협업이 부족하고 의견 교환이 거의 이루어지지 않았음
표현력 및 전달력	제안 내용을 명확하고 조리 있게 표현하며 설득력이 뛰어남	제안 내용이 비교적 명확하며 설득력 있음	제안 내용이 명확하지만, 전달이 불분명함	제안 내용이 모호하고 전달이 불분명함
문제해결력	창의적이고 효과적인 해결책을 제시함	실현 가능한 해결책을 제시하였으나 창의성이 다소 부족함	기본적이고 보편적인 해결책을 제시함	해결책의 구체성이 부족하고 비현실적임
평등 개념 이해	평등/불평등의 개념을 정확히 이해하고 설명함	평등/불평등의 개념을 이해함	평등/불평등의 개념을 이해하였으나 다소 오개념이 있음	평등/불평등의 개념에 대한 이해가 부족함

● 동료 및 자기평가

- 모든 동료 및 자기평가는 평가에 직접적으로 반영되지는 않으며 참고로만 사용한다.

팀원 이름	문제 이해도 (1~5점)	해결 방안 제안 (1~5점)	모둠 내 협업 (1~5점)	총점 (15점 만점)

> 자료

1. 학생 탐구활동지

① 방탈출 게임 학습지

평등을 찾아서: 6개의 문!	성신중학교 2학년 _____반 _____조
	이름:

STEP 1. 미션 활동 수행

〈상황카드〉 무엇이 문제인가요?	〈상황카드〉 어떤 미션을 받았나요?
지역 신문에서 성역할 고정관념을 그대로 드러내고 있음. 남성은 군인, 경찰/여성은 가사일, 간호사	성평등 자료로 재디자인하기 - 필수 요소: 기존 이미지의 문제점, 새로운 성평등 이미지 스케치 및 설명

우리 조의 미션 수행
- 미션 카드 속 필수 요소를 모두 포함시켜주세요.

기존 자료의 문제점: 남성이 할 수 있는 일, 여성이 할 수 있는 일을 구분지어 성역할 고정관념을 그대로 드러냈다.

2. 미션카드

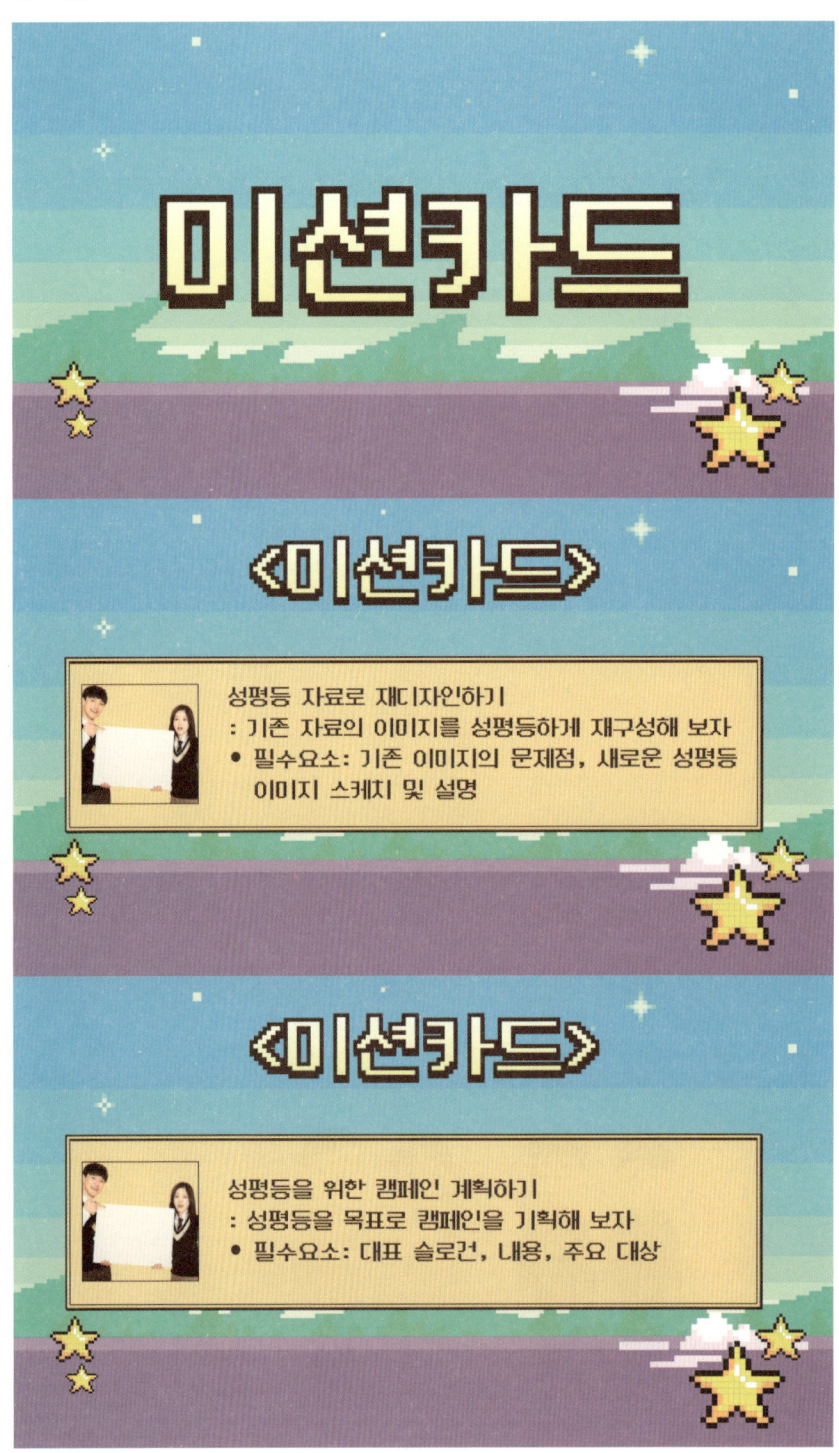

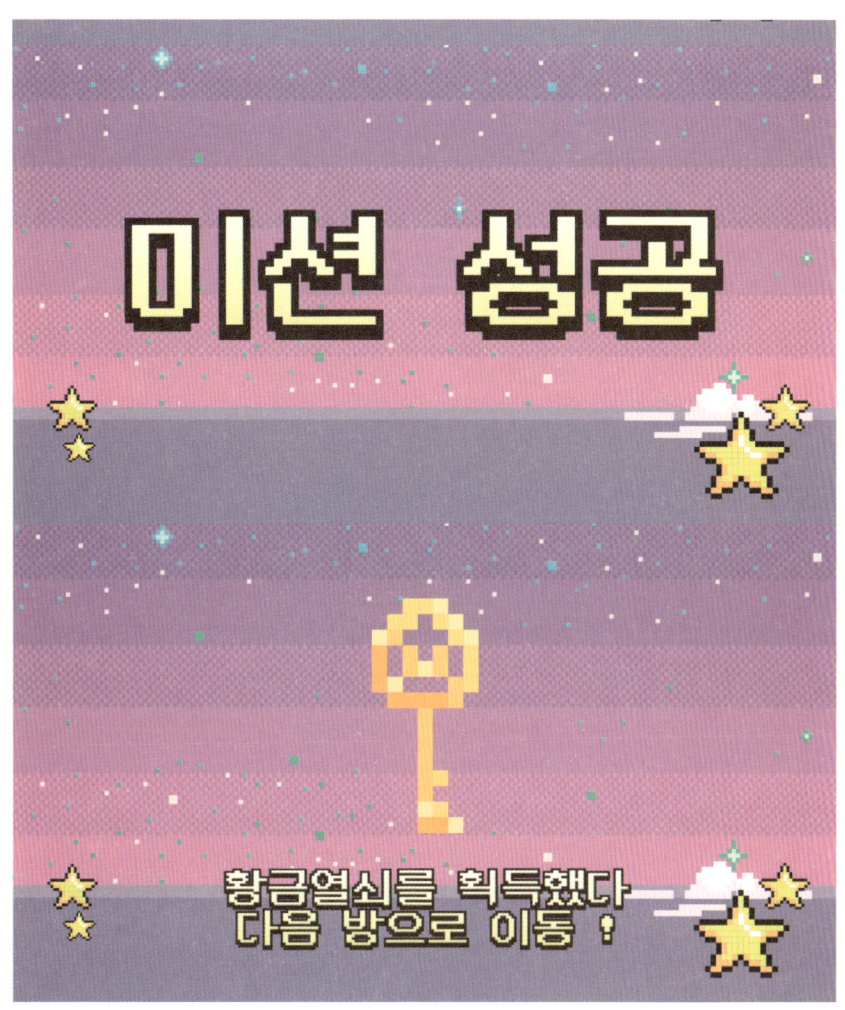

3. 상황카드

탈출해야 할 방	
1) 젠더 불평등의 방	

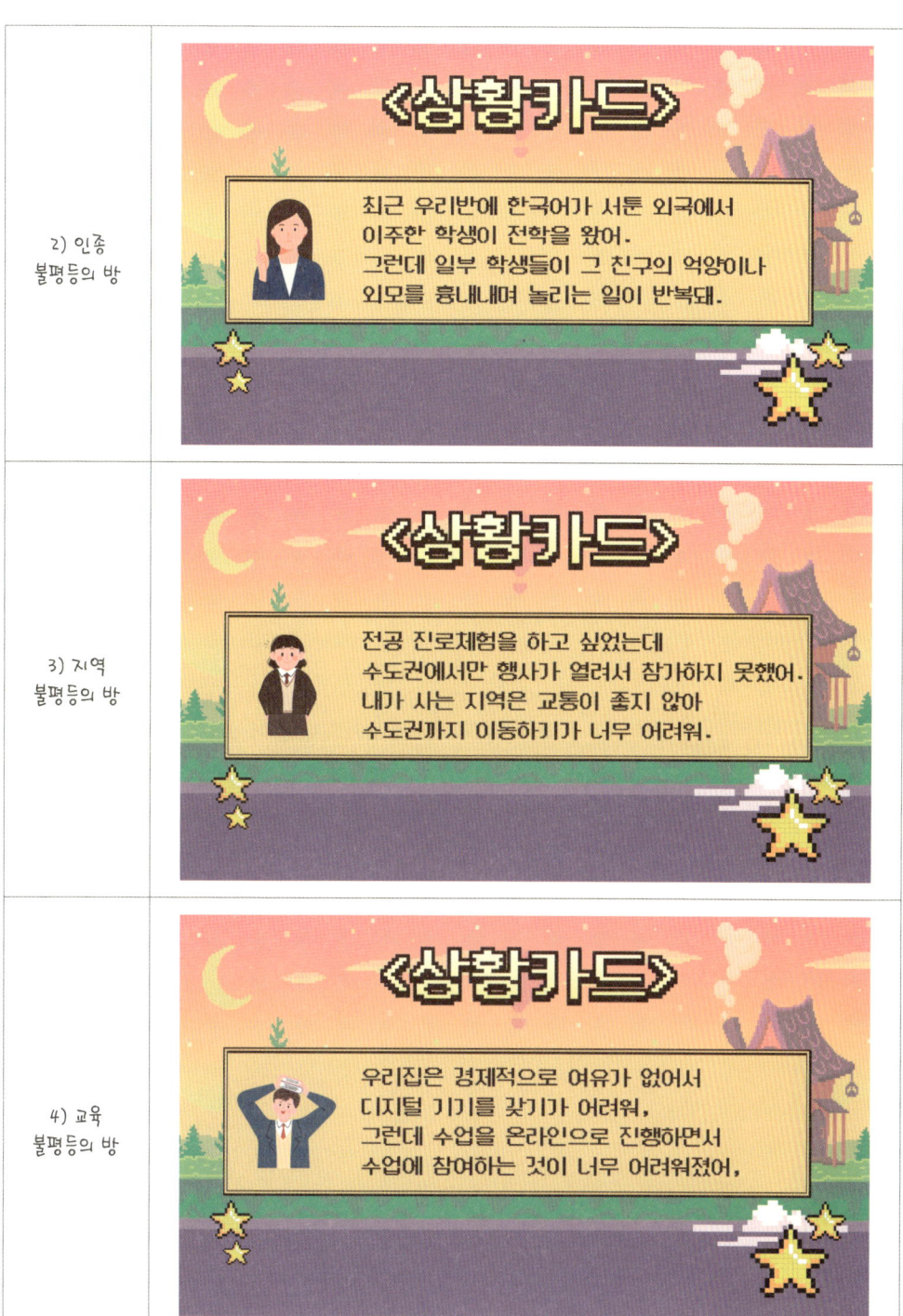

5) 장애 관련 불평등의 방	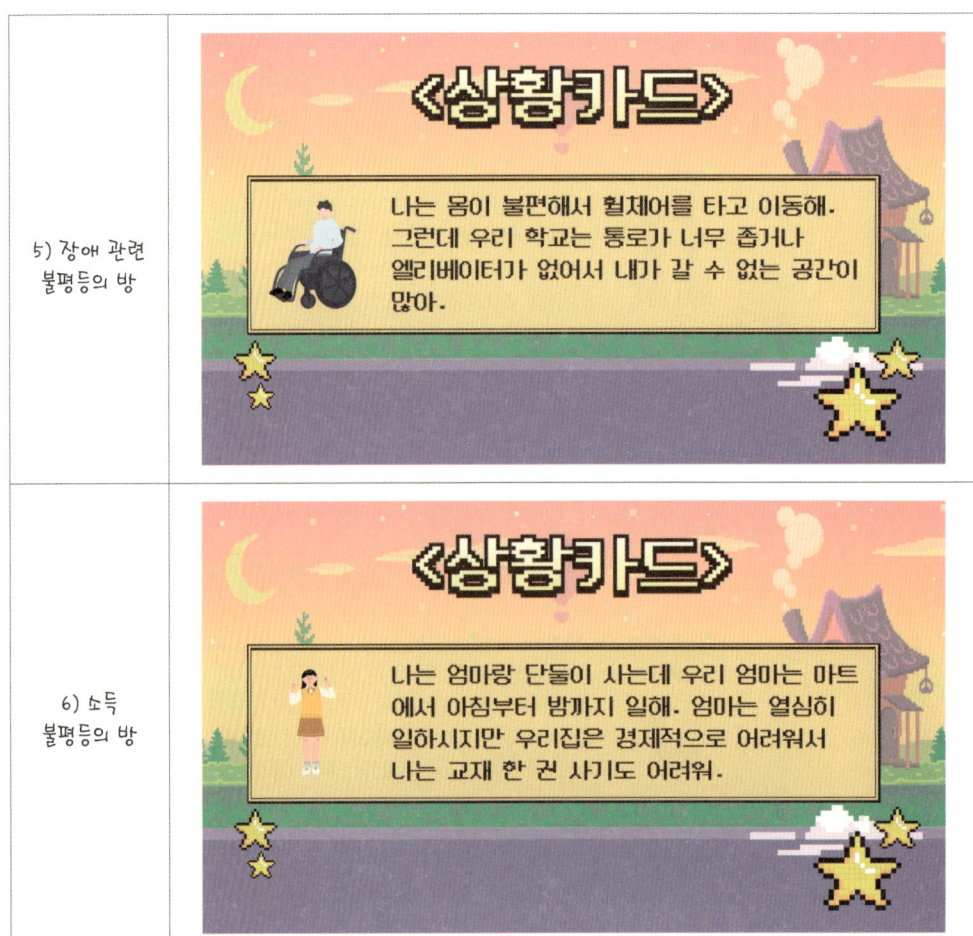
6) 소득 불평등의 방	

《상황카드》
나는 몸이 불편해서 휠체어를 타고 이동해. 그런데 우리 학교는 통로가 너무 좁거나 엘리베이터가 없어서 내가 갈 수 없는 공간이 많아.

《상황카드》
나는 엄마랑 단둘이 사는데 우리 엄마는 마트에서 아침부터 밤까지 일해. 엄마는 열심히 일하시지만 우리집은 경제적으로 어려워서 나는 교재 한 권 사기도 어려워.

2. 평화교육 수업의 실제

● 수업 구성 개요

유네스코 세계시민교육 연계 요소
○ 지역·국가·세계의 체계와 구조
○ 지역·국가·세계 차원에서 공동체 간의 상호작용과 연계에 영향을 미치는 이슈
○ 개인적·집단적으로 취할 수 있는 행동
○ 참여하고 행동하기

···› 평화교육			
학교급	학습 주제	학습 내용	개발자 및 지도자
고등학교	세계의 다양한 분쟁과 평화를 위한 노력	세계의 분쟁과 갈등 알아보기! 분쟁에 대해 탐구하기! 세계 분쟁을 해결해요 세계에 평화를 외치다!	공주대학교 사범대학 예비교사 박창근, 안혜진, 이민선, 장세연 지도: 공주대학교 임은진 교수
중학교	평화를 지키고 만들기 위해 우리가 할 수 있는 것	평화란 무엇인가? 난민이 무엇인가? 어려움에 처한 사람을 위해 활동하는 사람 평화를 지키기 위해 우리가 할 수 있는 일	일본 테이쿄대학 예비교사 사카네 레이나, 진나이 사에, 이시이 코이즈미, 오자와 유카 지도: 일본 테이쿄대학 나카야마 교수

세계의 다양한 분쟁과 평화를 위한 노력

개요

학습 목표	인지적 영역	세계의 다양한 분쟁지역을 조사하고, 분쟁의 원인을 분석할 수 있다.
	사회·정서적 영역	분쟁지역의 아픔과 평화의 필요성에 공감할 수 있다.
	행동적 영역	평화를 위한 다양한 방안을 찾아보고, 이를 위해 일상생활에서 노력할 수 있다.
학습유형		문제해결학습, 글쓰기 수업, 게임 활용
장소		교실, 컴퓨터실(또는 스마트 기기)
활용 자료		책(『평화의 눈으로 본 세계의 무력 분쟁』, 『지구촌 슬픈 갈등 탐구 생활』, 『시리아의 눈물』, 『우물 파는 아이들』 등), 학습지, 세계지도, 게임

수업에서 주안점

❶ 교수-학습 과정안은 총 4차시의 수업으로 구성되었으며, 학교의 상황에 따라 3~5차시로 진행할 수 있다. 이때, 학생들이 분쟁지역의 원인을 분석하고, 평화를 위한 실천 방안을 생각하는 부분에 주안점을 두어 수업을 지도한다.

❷ 학생들의 모둠 활동으로 모든 수업이 진행되며, 교사는 이질적인 집단을 구성하여 학생들이 모둠 활동을 통해 타인에 대한 공감과 배려, 소통 등 심미적 감성 역량을 함양할 수 있도록 구성하고, 다양한 미디어 기기를 활용하여 관련된 정보와 자료를 찾는 일련의 과정을 통해 매체 활용 능력, 비판적 사고력, 정보수집/분석/활용 능력 등 지식정보처리 역량을 함양하도록 한다.

❸ 분쟁에 대한 조사를 진행할 때, 관련된 모든 국가의 입장을 찾아보도록 지도하여 학생들이 선입견이나 편견을 갖지 않도록 한다. 만약, 학생들이 한쪽의 입장만을 선호하거나 편견을 갖는 경우, 다른 쪽의 입장을 고려할 수 있도록 지도한다.

❹ 평화에 대한 해결책을 찾는 것에서 나아가 실천에 옮기는 자세를 강조하며, 세계시민으로서의 자세를 갖출 수 있도록 지도한다.

> 선정 도서 미리 읽기

평화의 눈으로 본 세계의 무력 분쟁

정주진, 2023, 철수와영희

주제: 세계의 무력 분쟁에 대한 이해. 다양한 요인의 무력 분쟁을 평화의 눈으로 분석한 책이다. 분쟁의 요인이 되는 각 국가의 상황이 잘 명시되어 있는 책이다.

이 책은 팔레스타인, 이스라엘, 소말리아, 미얀마, 에티오피아 등 여덟 가지의 무력 분쟁 사례를 평화의 눈으로 살펴보며 '왜 무력 분쟁이 발생하고 있는지, 그로 인해 그들의 삶이 얼마나 파괴되었는지'를 보여 준다. 나아가 세계시민으로서 무력 분쟁을 이해하고 분석하는 안목을 기르고, 세계시민의 바람직한 역할을 고민하게 한다.

지구촌 슬픈 갈등 탐구생활

이두현, 김선아, 권미혜, 이준희, 이용직 글·박지윤 그림, 2024, 파란자전거

주제: 국제 분쟁과 난민 이야기. 국제 분쟁을 글과 그림을 통해 파악할 수 있는 책이다. 분쟁을 이해하는 것을 넘어서 다름을 존중하고 분쟁을 해결하기 위한 책임감을 담고 있다.

이 책은 분쟁과 전쟁의 차이점, 분쟁의 다양한 원인과 역사를 먼저 설명한다. 이를 통해 기본적인 분쟁에 대한 지식을 바탕으로 다양한 분쟁지역의 원인을 분석한다. 그리고 다름을 존중하고 세계시민의 한 사람으로서 책임감과 관심을 갖출 수 있도록 설명한다. 또한 책 속 다양한 삽화는 학생들이 공감과 이해를 돕는다.

시리아의 눈물

노경실 글·문보경 그림, 2015, 담푸스

주제: 시리아 내전과 난민 그리고, 그들의 삶. 시리아 내전으로 인한 아이들의 아픔을 그리고 있는 책이다.

바질은 명절에 가족과 함께 시장을 가거나 동생이 생기는 등 평범하고 화목한 일상을 보내고 있었다. 꽃을 좋아하던 바질이 친구들에게 꽃밭을 소개하는 그때 전쟁이 일어났다. 전쟁이 일어나고 집으로 들어가 대피하려는 찰나 빛이 터지고 바질은 정신을 잃었다. 이 책은 꽃 천사라 불리는 아이인 바질과 사이좋은 형제 히암, 오마르, 엄마와 동생을 보살피는 듬직한 누르의 일상이 어느 날 시작된 전쟁으로 인해 파괴되는 내용을 담고 있다. 전쟁으로 죽거나 모든 걸 잃어버린 아이들과 시리아를 떠나 이웃 나라 요르단에서 난민 생활하는 아이들이 등장한다. 전쟁의 야만성과 평화의 소중함을 일깨워주는 책이다.

우물 파는 아이들

린다 수 박, 공경희 역, 2012, 개암나무

주제: 2번의 수단 내전을 통한 아픔과 공감. 1985년 시점의 수단 내전 희생양인 살바와 2008년 시점에서 물 부족 문제를 겪고 있는 니아라는 두 개의 시선에서 수단 내전을 바라보는 이야기이다.

수단 내전 희생양인 살바는 가족과 헤어져 난민 캠프, 더 나아가 미국 이주까지 먼 여정을 거쳤고, 어른이 된 후 자신의 조국을 위해 재단을 설립한다. 이 재단이 만들어 준 우물 덕분에 2008년 시점의 니아가 더 이상 물을 뜨러 가지 않아도 되며 이 이야기는 마무리된다. 이 책에서 수단 내전의 아픔과 이를 극복하는 주인공들을 보며 우리가 가져야 할 태도나 책임감 등을 배울 수 있다.

선생님, 더불어 살려면 어떻게 해요?

정주진 글·김규정 그림, 2020, 철수와영희

주제: 우리 모두가 더불어 사는 세상을 위한 태도. 분쟁뿐만 아니라 다양한 공존이 필요한 상황에서 우리가 가져야 할 태도와 생각에 대해 어린이의 눈높이에 맞추어 쉽게 이야기해 주는 책이다.

이 책은 우리 모두 더불어 살기 위해서는 자기가 싫어한다는 이유로 누군가를 차별하거나 따돌리고 공격하는 것은 안 되며, 열린 마음과 태도로 자신과 다른 생각, 주장, 취향, 모습, 말씨 등 서로 다른 점을 자연스럽게 받아들이고 존중해야 한다고 말한다. 모든 사람은 힘과 나이, 외모, 재산 등과 관계없이 동등하게 대우받아야 하며, 우리 사회에서 함께 더불어 살아갈 권리가 있기 때문이다.

선생님, 세계시민이 되려면 어떻게 해야 해요?

정주진 글·홍윤표 그림, 2022, 철수와영희

주제: 세계시민으로서의 태도. 개인적인 공감과 이해를 넘어 세계시민으로서 국제 문제에 고민하는 자세의 필요성과 사례를 다룬 책이다.

이 책은 식량 부족, 기후위기, 전쟁, 어린이 노동, 난민, 국제기구 등의 주제를 통해 세계시민이 꼭 알아야 할 이야기를 어린이 눈높이에서 쉽게 알려준다. 또한 다양한 국제 문제에 관심을 가지고 함께 기쁨과 슬픔을 나누어야 한다는 내용을 담고 있다.

차시별 수업 개요

세계시민교육 주제 영역	학년		수업 주제 및 활용 자료
평화 교육	고등 2~3 학년	1차시	주제: 책을 통해 세계의 분쟁과 갈등 알아보기! 사용 도서: 『평화의 눈으로 본 세계의 무력 분쟁』 『지구촌 슬픈 갈등 탐구생활』
		2차시	주제: 따뜻한 마음과 냉철한 두뇌로 분쟁에 대해 탐구하기! 사용 도서: 『시리아의 눈물』 『우물 파는 아이들』
		3차시	주제: 분쟁 해결사가 되어 세계 분쟁을 해결해요 활용 자료: 1차시 학생들 제작물: 분쟁 지도
		4차시	주제: 세계에 평화를 외치다! 사용 도서: 『선생님, 더불어 살려면 어떻게 해요?』 『선생님, 세계시민이 되려면 어떻게 해야 해요?』

[1차시] 교수-학습 과정안

개요

차시명(차시)	책을 통해 세계의 분쟁과 갈등 알아보기! (1/4)	대상	고등학교 2-3학년
학습목표	책에서 소개된 세계 분쟁지역의 주요 이슈를 설명할 수 있다. 자신이 맡은 분쟁 지역과 관련된 뉴스를 제작할 수 있다.		
교수 학습 자료	교사	『평화의 눈으로 본 세계의 무력 분쟁』, 『지구촌 슬픈 갈등 탐구생활』, 만다라트 학습지, 뉴스제작 학습지, PPT, 세계지도	
	학생	『평화의 눈으로 본 세계의 무력 분쟁』, 『지구촌 슬픈 갈등 탐구 생활』, 필기구	

과정

단계	학습 내용	교수 학습 활동	시간(분)	자료(+) 및 유의점(*)
도입	수업 준비 및 전시 학습 확인	전시 학습 확인 • 제시한 책의 독서 여부를 파악한다. ▷지난 시간에 소개한 책을 읽고 왔나요?	5	
	동기유발	• 영상을 보고 학습 주제에 흥미를 갖도록 하기 • 영상을 보고, 다양한 의견을 나눈다. ▷영상에 등장한 사람들의 심정은 어때 보이나요? (예: 굉장히 슬퍼 보여요/ 자신이 살아왔던 곳이 무참히 파괴된 것을 보고 괴로워 보여요) ▷분쟁을 통해 우리는 슬프고, 힘들다는 부정적인 감정을 느끼는데, 왜 전 세계는 분쟁이 끊임없이 발생할까요? (예: 더 많은 것을 얻고 싶은 인간의 욕심 때문에요/서로 다름을 인정하지 못해서요) ▷오늘은 여러분들이 읽고 온 책을 토대로 선생님이 준비한 활동을 진행하면서 답을 찾아봅시다.		+ 갈 곳 잃은 우크라이나 주민 영상 * 영상에 대해 자유롭게 의견을 공유할 수 있도록 분위기를 조성한다.
	학습 목표 제시	• 학습 목표를 함께 읽으며 확인한다.		

단계	학습 내용	교수 학습 활동	시간(분)	자료(+) 및 유의점(*)
	학습 순서 안내	[활동 1] 책의 내용을 토대로 우리는 분쟁 전문가 활동하기(만다라트 & 토의) [활동 2] 세계 분쟁 뉴스 만들기		
전개	활동 1	『평화의 눈으로 본 세계의 무력 분쟁』, 『지구촌 슬픈 갈등 탐구생활』의 내용을 토대로 모둠 활동 진행하기 • 책 내용을 토대로 모둠을 구성한다. • 3인 1조를 구성하여 조별로 분쟁지역 분담한다. ▷선생님이 뽑은 10가지의 분쟁지역 중에서 각자 선호 분쟁지역을 1~3순위까지 알려주었는데 다들 기억하나요? ▷선생님이 이를 바탕으로 조를 구성하였으니 같은 분쟁지역을 공유하는 3명이 한조가 되어서 각자 분쟁에 대한 생각을 정리하는 시간을 가질게요. • 책 내용을 토대로 모둠 만다라트 활동 및 토의를 진행한다. ▷다들 잘 정리하였나요? 그러면 이제 선생님이 나눠준 활동지의 만다라트를 완성해 봅시다. 만다라트의 가운데에는 분쟁 지역을 작성하고, 분쟁 지역에 대한 지리적 요인, 원인, 결과, 노력은 모둠 친구들과 토의하며 작성해 보도록 할게요. ▷작성하다가 어려운 부분이 있거나 모르는 내용이 있으면 선생님께 질문해 주세요. 〈만다라트 활동지 활용법〉 - 활동지의 가운데 빈칸에는 모둠별로 선정된 분쟁지역을 작성한다. - 1~4번에 적혀 있는 지리적 요인, 원인, 결과, 노력은 3명이 읽은 책을 토대로 해 서로 토의하며 작성한다. - 각자 해당 분쟁지역에 대한 전문가로 활동한다.	15	+ 만다라트 활동지 + 개인별 책 + 자리 배치표
	활동 2	분쟁 뉴스 제작하고 발표하기 • 분쟁 뉴스를 제작하고 앞에서 발표한다. • 분쟁 뉴스 제작하기 ▷각 분쟁의 전문가로 활동하며, 활동지를 완성했나요? 선생님이 돌아다니며 살펴보니 다들 너무 잘 작성해 주었더라고요. ▷지금부터 작성한 활동지를 바탕으로 분쟁 지역에 관한 분쟁 뉴스 만들기 활동을 하겠습니다. ▷분쟁 뉴스는 3명이 각자 기자, 분쟁 지역 전문가, 분쟁 지역 주민의 역할을 나누어서 각자의 역할에 맞게 활동하면 됩니다. ▷뉴스를 제작한 이후에 친구들에게 뉴스의 한 장면을 시연하며 발표할 예정입니다. 선생님은 여러분들의 뉴스가 매우 궁금하네요.	25	

단계	학습 내용	교수 학습 활동	시간(분)	자료(+) 및 유의점(*)
	활동 2	〈분쟁 뉴스 만들기〉 – 모둠원 3명이 각자 기자, 분쟁지역 전문가, 분쟁지역 주민으로 역할을 나눈다. – 뉴스에는 만다라트 활동에서 진행한 내용요소 4가지가 모두 들어가도록 제작한다. – 지역 주민은 상황을 현실감 있게 인터뷰하는 형식으로 설명한다. – 기자는 대략적인 분쟁 상황을 설명한다. – 전문가는 분쟁지역의 상황을 자세하게 설명하는 인터뷰 형식으로 설명한다. • 분쟁 뉴스 발표하기 ▷여러분, 뉴스 기사와 대본을 다 완성했나요? 그러면 지금부터 모둠별로 만든 뉴스에 대한 발표를 시작하겠습니다. ▷다른 친구들이 뉴스를 진행하는 것을 보면서 개인 활동지에 어떤 모둠이 뉴스를 가장 잘 만들었는지 동료평가를 진행해 봅시다. 또, 본인 모둠의 뉴스에 대해서는 자신이 어떤 역할을 했는지, 모둠 친구들의 기여도는 어떠한지 평가해 보도록 할게요. ▷그리고 발표를 경청하면서 다른 분쟁지역의 상황에 대해서 잘 기억해 주면 좋을 것 같아요. 〈분쟁 뉴스 지도에 붙이며 발표하기〉 – 교사는 미리 세계지도를 칠판에 부착한다. – 학생들은 제작한 뉴스 자료를 가지고 나와 발표하기 전에 해당하는 분쟁지역에 뉴스 자료를 붙인다. – 발표를 보는 학생들은 다른 학생들의 발표를 경청한다. – 발표를 보며 활동지를 성실히 작성한다. ▷선생님이 기대한 것보다 훨씬 자세하고, 상황에 맞는 연기까지 해 줘서 실제 뉴스를 보는 것 느낌이 들었어요.		+ A4용지(뉴스용지) + 개인 활동지
정리	정리 및 마무리	▷오늘 수업을 시작할 때, 왜 전 세계는 분쟁이 끊임없이 발생하는지 알아보자고 했었죠? 여러분들은 왜 분쟁이 끊임없이 발생한다고 생각하나요? (예: 서로 다른 건데, 틀렸다고 생각해서요/친구들이 만든 뉴스를 보니까, 차별 때문에도 많이 분쟁이 발생합니다). ▷분쟁들의 주요 요인은 저마다 달랐지만, 차별과 욕심 그리고 존중이 없기 때문에 발생했죠. 활동하면서 여러분은 어떤 느낌이 들었나요? (예: 잘 몰랐던 분쟁들도 많아서 관심을 가져야겠다고 생각했어요) ▷우리는 다양한 분쟁을 겪고 있습니다. 또한 분쟁에 요인이 다양하죠. 이렇게 분쟁에 대해 인식하고 분석하는 것을 넘어서 여러분도 세계시민으로서 이런 다양한 분쟁에 공감할 줄 알아야 합니다. ▷다음 시간에는 분쟁을 이해하고 공감하는 활동을 해 보도록 하겠습니다.	5	* 세계의 다양한 분쟁을 학생들도 공감하고 고민할 수 있도록 지도한다.

평가계획

● 교사평가

수준 평가 요소		매우 우수	우수	보통	미흡
지식	분쟁 분석	자신이 맡은 분쟁지역의 만다라트를 완성도 높게 작성함	자신이 맡은 분쟁지역의 만다라트를 완성하였으나, 오개념이 있음	자신이 맡은 분쟁지역의 만다라트를 완성하지 못했지만, 구체적으로 작성함	자신이 맡은 분쟁지역의 만다라트를 완성하지 못하고, 오개념이 있음
	뉴스 내용	뉴스의 대사에 제시된 요소가 모두 포함되어 있음	뉴스의 대사에 제시된 요소가 모두 포함되어 있으나, 오개념이 있음	뉴스의 대사에 모든 요소가 포함되지 않았으나, 개념이 명확하게 포함되어 있음	뉴스의 대사에 제시된 요소가 30% 이하로 포함되어 있음
기능	뉴스 제작	뉴스의 형식에 맞게 제작되었으며, 기자와 전문가, 주민의 인터뷰 흐름이 유기적으로 연결되어 있음	뉴스의 형식에 맞게 제작되지 않았으나, 기자와 전문가, 주민이 내용을 숙지하여 인터뷰 흐름이 유기적으로 연결되어 있음	뉴스의 형식에 맞게 제작되었으나, 기자와 전문가, 주민이 인터뷰 내용을 숙지하지 못함	뉴스의 형식에 맞게 제작되지 않았으며, 기자와 전문가, 주민이 인터뷰 내용을 숙지하지 못함
가치 태도	협동	모둠원들의 의견을 경청하고 본인의 의견을 잘 제시하며, 소통하고 협력함	모둠원들의 의견을 경청하였으나, 본인의 의견을 잘 제시하지 못함	모둠원들의 의견을 경청하지 않았으나, 본인의 의견은 잘 제시함	모둠 활동에 성실하게 참여하지 않음
	적극성	자신이 맡은 역할에 최선을 다하였고 동료평가에서 좋은 점수를 받았음	자신이 맡은 역할을 최선을 다했지만, 동료평가에서 조금 낮은 점수를 받았음	자신이 맡은 역할을 열심히 하지 않았지만, 동료평가에서 높은 점수를 받았음	자신이 맡은 역할을 열심히 하지 않고 동료평가에서 낮은 점수를 받았음

● 동료 및 자기평가

- 활동지 3을 진행하며 실시한다. 모든 동료 및 자기평가는 참고만 한다.

모둠 활동을 하는 과정을 통해 동료평가와 자기평가를 진행해 봅시다.

이름	평점(5점 만점)	한 줄 이유
팀원 1		
팀원 2		
내이름		

> 자료

1. 활동지

① 분쟁 만다라트 활동지

책 먹는 ○반 친구들

고등학교
_____ 학년 _____ 번
이름: _____

● **책 내용을 토대로 만다라트를 채워 봅시다.**

활동지 가운데는 선정한 분쟁지역을 적고, 1번 칸에는 지리적 요인, 2번 칸에는 원인, 3번 칸에는 과정 및 결과, 4번 칸에는 노력을 적습니다.

				1				
				1 지리적 요인				
	4		4 노력	분쟁 지역	1. 원인		2	
				3 과정 및 결과				
				3				

II. 스토리텔링을 활용한 세계시민교육 수업의 실제

② 분쟁 뉴스 활동지

- 분쟁 뉴스 지도 예시

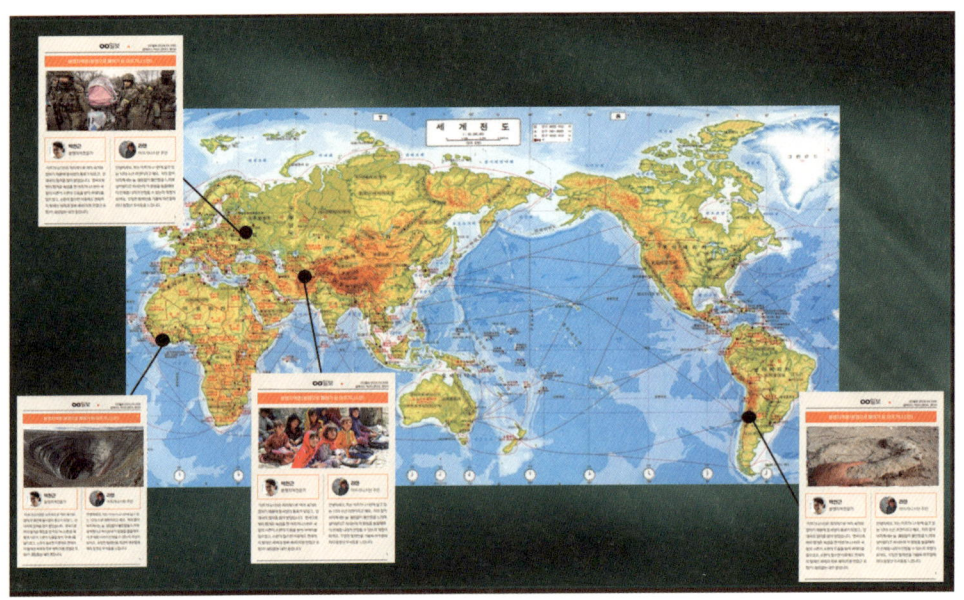

③ 뉴스 청취 활동지

세계 속 분쟁지역은?

고등학교
_____ 학년 _____ 번
이름: _____

● 다른 모둠의 분쟁지역 뉴스를 들으며 학습지를 채워 봅시다.

1. 우리 모둠을 제외한 모둠의 뉴스를 들으며 아래 표를 간략하게 채워 봅시다.

조명	분쟁지역	문제 및 상황 요약
1조	팔레스타인-이스라엘	
2조		

2. 모둠 활동을 하는 과정을 통해 동료평가와 자기평가를 진행해 봅시다.

이름	평점 (5점 만점)	한 줄 이유
팀원 1		
팀원 2		
내이름		

1. 활동지

- 세계지도

[2차시] 교수-학습 과정안

개요

차시명(차시)	따뜻한 마음과 냉철한 두뇌로 분쟁에 대해 탐구하기! (2/4)	대상	고등학교 2-3학년
학습목표	• 책을 읽고, 주인공과 주변 인물들에게 공감할 수 있다. • 분쟁지역의 주요 요인을 파악해서 퀴즈 문제를 제작할 수 있다.		
교수 학습 자료	교사	『시리아의 눈물』, 『우물 파는 아이들』, 책 줄거리 요약본, 편지지, 구글 폼 설문지	
	학생	『평화의 눈으로 본 세계의 무력 분쟁』, 『지구촌 슬픈 갈등 탐구생활』, 『시리아의 눈물』, 『우물 파는 아이들』, 필기구, 노트북	

과정

단계	학습 내용	교수 학습 활동	시간(분)	자료(+) 및 유의점(*)
도입	수업 준비 및 전시 학습 확인	전시 학습 확인 • 지난 시간에 활동한 내용을 확인한다. ▷여러분 우리 지난 시간에 어떤 활동을 했는지 기억나나요? (예: 네, 책 내용으로 분쟁 뉴스를 만들었어요). ▷오늘 수업에서 지난 시간에 배운 내용을 잘 활동하면 좋을 것 같아요.	5	
	동기유발	• 교사가 작성한 편지를 보여 주며 흥미 유발하기 • 교사가 가상으로 작성한 책 속 인물들이 학생들에게 보내는 편지를 보여 주며 흥미를 유발한다. ▷여러분들에게 편지가 도착했어요. 편지를 읽어 볼까요? 〈편지〉		+ 책 속 인물의 편지 * 편지를 읽고 다양한 분석을 할 수 있도록 지도한다. * 학생들이 공감할 수 있도록 편지를 실감나게 제시한다.

단계	학습 내용	교수 학습 활동	시간 (분)	자료(+) 및 유의점(*)
		▷ 편지에서 무엇을 알 수 있었고, 어떤 생각이 들었나요? (예: 바질은 시리아 내전을 겪고 있는 친구인데, 분쟁으로 평화롭던 일상이 무너졌대요/살바도 내전으로 인해 현재는 미국에 산다고 했어요. 저는 집을 잃으면 힘들 것 같은데, 살바가 많이 힘들었을 것 같아요) ▷ 여러분이 편지를 읽으며, 분쟁을 겪는 많은 여러분들의 친구와 사람들에게 공감을 아주 잘해 줬어요. ▷ 오늘은 책 속 주인공들에게 답장을 쓰고, 이전 시간에 여러분들이 조사했던 분쟁지역을 좀 더 냉철하게 분석하는 시간을 가져 보겠습니다.		
	학습 목표 제시	• 학습 목표를 함께 읽으며 확인한다.		
	학습 순서 안내	[활동 1] 내가 너의 힘이 되어줄게! 공감의 답장 쓰기 [활동 2] 다양한 분쟁을 분석하고, 문제 퀴즈 만들기		
전개	활동 1	내가 너의 힘이 되어줄게! 공감의 답장 쓰기 • 책 속에 등장하는 인물에게서 온 편지에 답장하기, 분쟁 문제에 공감하는 능력 함양하기 • 책을 읽고 분쟁에 공감하여 책 속의 인물에게 편지로 답장을 작성하고 발표한다. • 개인 편지지에 책 속 등장인물이 보내온 편지에 대한 답장을 작성하며 분쟁 문제에 대해 공감하는 능력을 키운다. ▷ 미리 『시리아의 눈물』과 『우물 파는 아이들』을 읽어 왔죠? 이번 시간에는 책에 나오는 등장인물이 우리에게 보내 온 편지를 읽어 보고 등장인물의 상황을 공감하며 등장 인물에게 해 주고 싶은 말을 편지에 써 보는 활동을 진행할 거예요. 등장인물이 어떤 상황인지 공감하는 내용과 해당 인물을 위로하는 내용, 해당 분쟁을 해결하기 위한 국제사회와 개인적인 노력 등을 담아서 정성스럽게 편지를 작성해 보도록 합시다. 〈등장인물의 편지에 답장하기〉 – 편지의 내용은 공감, 위로, 노력 등의 내용을 모두 담아서 작성하도록 한다. – 두 개의 책 중 본인의 책이 어떤 분쟁인지 편지 위에 작성하도록 한다. • 작성한 편지를 발표하며 서로의 생각을 나눈다. ▷ 모두 편지 작성했나요? 편지를 모두 작성했으면 각자의 편지를 발표하는 시간을 가져 볼게요. 먼저 『시리아의 눈물』을 읽고, 등장 인물이 보낸 편지에 답장한 학생이 발표해 볼게요. 너무 편지를 감동적으로 잘 써 주었는데 『우물 파는 아이들』을 읽은 학생이 발표해 볼까요?	20	+ 책 + 책 요약본 + 등장인물이 보내온 편지 + 답장 작성할 편지지

단계	학습 내용	교수 학습 활동	시간 (분)	자료(+) 및 유의점(*)
활동 2		다양한 분쟁을 분석하고, 퀴즈 문제 만들기 • 편지를 쓰며 공감한 마음을 가지고, 꼼꼼히 분석하고, 퀴즈 문제를 만든다. • 다양한 분쟁 분석하기 ▷ 2차시에 걸쳐 다양한 책을 읽었는데, '분쟁'에 대해서 조금 알 것 같나요? 지난 시간 함께 뉴스를 만들었던 모둠으로 다시 모여 볼게요. 지난 시간에 모둠별로 만다라트 활동과 뉴스 제작 활동을 진행하였는데 그때 조사했던 분쟁지역에 대해 잘 기억하고 있나요? 지금부터 그 분쟁지역에 대한 퀴즈를 만드는 시간을 가져 볼 거예요. 퀴즈는 지금까지 읽은 책 5권에서 정답을 찾을 수 있어야 해요. 다음 시간에 진행할 방 탈출 게임의 문제로 사용할 예정이니 모둠별로 신중하게 문제를 만들어야겠죠? 문제는 모둠별로 3문제를 만들면 되고, 그중 선생님이 선택한 1문제를 방 탈출 게임에 사용할 예정이에요. 문제를 만들다 어려운 부분이 있으면 바로 질문해 주세요. 〈게임 문제 출제하기〉 – 구글 폼을 활용해 제출한다. – 모둠별 3문제를 만들고, 그중 1문제를 다음 차시 방탈출 퀴즈에 사용한다. – 문제는 지금까지 읽은 책 5권에 있는 내용을 바탕으로 제작한다. – 문제는 객관식과 단답형 중 선택할 수 있다. – 문제에 사진 자료를 반드시 첨부하도록 한다. – 제출 전 반드시 교사의 피드백을 받도록 한다.	20	+ 구글 폼 QR 코드 + 문제 예시 1가지
정리	정리 및 마무리	▷ 오늘 따뜻한 마음으로 공감의 답장도 써 봤고, 냉철한 두뇌로 이전 시간에 이어 분쟁을 분석해 봤어요. 오늘 활동을 한 소감을 각 조에서 1명씩 발표해 볼까요? ▷ 먼저, 조에서 가장 따뜻한 마음을 가지고 생각한다고 느껴지는 사람을 뽑아 보세요. 뽑힌 사람이 편지에 대한 소감을 이야기해 볼까요? (예: 편지를 쓰면서 우리도 중요하게 고민할 문제라고 생각하게 됐어요). ▷ 조에서 가장 냉철한 두뇌를 가지고 있다고 생각하는 사람도 뽑아 보세요. 냉철한 두뇌로 뽑힌 사람이 분쟁 분석을 한 활동에 대한 소감을 이야기해 볼까요? (예: 편지를 쓰고, 분쟁이 우리의 문제라고 생각하게 되니까, 분석을 더 꼼꼼히 하게 됐어요. 특히, 분쟁은 다양한 요인이 엮여 있고 이를 분석하는 부분이 재밌었어요). ▷ 여러분이 편지를 쓰고 나서 분쟁을 분석하니까 훨씬 적극적으로 분석할 수 있었죠? 여러분들이 분석해서 제출한 문제로 다음 시간에는 분쟁 탈출 게임을 통해 분쟁에 대해 알아보겠습니다. 오늘처럼 모둠별로 노트북과 책을 모두 가지고 와 주세요.	5	* 다양한 학생들이 소감을 발표할 수 있도록 지목한다. * 다음 시간 활동에 필요한 기기를 지참할 수 있도록 안내한다.

> 평가계획

● 교사평가

평가 요소		매우 우수	우수	보통	미흡
지식	분쟁 이해	편지를 작성하는 활동에서 분쟁에 대한 공감 능력과 퀴즈 문제를 만드는 활동에서 분쟁에 대한 높은 이해도를 보임	편지를 작성하는 활동에서 분쟁에 대한 공감 능력과 퀴즈 문제를 만드는 활동에서 분쟁에 대한 적당한 이해도를 보임	편지를 작성하는 활동에서 분쟁에 대한 공감 능력이 부족하거나 퀴즈 문제를 만드는 활동에서 분쟁에 대한 낮은 이해도를 보임	편지를 작성하는 활동에서 분쟁에 대한 공감 능력이 부족하고 퀴즈 문제를 만드는 활동에서 분쟁에 대한 낮은 이해도를 보임
	문제 제작	방 탈출 문제 제작에서 내용 요소, 난이도, 문제의 형식, 문제의 범위 중 3가지 이상 만족함	방 탈출 문제 제작에서 내용 요소, 난이도, 문제의 형식, 문제의 범위 중 2가지를 만족함	방 탈출 문제 제작에서 내용 요소, 난이도, 문제의 형식, 문제의 범위 중 1가지를 만족함	방 탈출 문제 제작에서 내용 요소, 난이도, 문제의 형식, 문제의 범위를 모두 만족하지 못함
기능	발표 전달력	편지 답장을 작성한 것을 발표하며 내용 요소, 분쟁지역 설명 등 적극적으로 발표에 참여함	편지 답장을 작성한 것을 발표하며 내용 요소, 분쟁지역 설명 중 한 가지 측면에서 적극적으로 발표에 참여함	편지 답장을 작성한 것을 발표하며 내용 요소, 분쟁지역 설명 중 한 가지 측면에서 소극적으로 발표에 참여함	편지 답장을 작성한 것의 발표에 참여하지 않음
가치·태도	협동	모둠원들의 의견을 경청하고 본인의 의견을 잘 제시하며, 소통하고 협력함	모둠원들의 의견을 경청하였으나, 본인의 의견을 잘 제시하지 못함	모둠원들의 의견을 경청하지 않았으나, 본인의 의견은 잘 제시함	모둠 활동에 성실하게 참여하지 않음
	참여	편지 답장, 발표, 문제를 제작하며 적극적으로 참여하는 모습을 보임	편지 답장, 발표, 문제를 제작하며 소극적으로 참여하는 모습을 보임	편지 답장, 발표, 문제를 제작하며 참여하지 않은 활동이 있음	편지 답장, 발표, 문제를 제작하며 활동에 참여하지 않음

자료

1. 활동지

① 멀리서 온 편지 활동지

멀리서 온 편지

고등학교
_____ 학년 _____ 번
이름: _____

● 편지를 읽어 보고, 답장해 봅시다.

1. 다음은 바질과 살바에게 온 편지입니다.

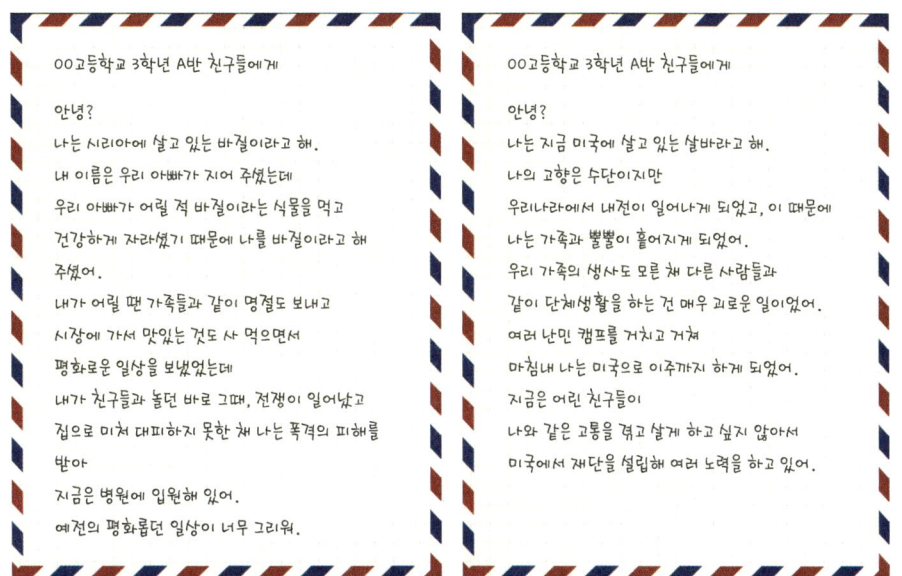

2. 바질 또는 살바에게 진심을 담은 편지 답장을 써 봅시다.

자신이 읽은 책: 시리아 내전 / 수단과 남수단

② 시리아 내전 / 수단 내전 분석하기 활동지

똑똑한 책 먹는 여우

고등학교
_____학년 _____번
이름: _____

● 『시리아의 눈물』, 『우물 파는 아이들』을 읽고 활동을 진행해 봅시다.

1. 내가 읽은 책은?

2. 내가 읽은 책의 간단한 줄거리를 작성해 봅시다.

3. 내가 읽은 책은 관련된 분쟁은? 그 분쟁의 주요 쟁점은?

2. 강의 자료

– 구글 잼보드

[3차시] 교수-학습 과정안

개요

차시명(차시)	분쟁 해결사가 되어 세계 분쟁을 해결해요. (3/4)	대상	고등학교 2-3학년
학습목표	분쟁 해결사로서 세계 분쟁을 해결할 수 있다.		
교수 학습 자료	교사	ZEP 게임(분쟁 탈출 게임), 예시 게임	
	학생	『평화의 눈으로 본 세계의 무력 분쟁』, 『지구촌 슬픈 갈등 탐구생활』, 『시리아의 눈물』, 『우물 파는 아이들』, 핸드폰, ZEP 게임(분쟁 탈출 게임)	

과정

단계	학습 내용	교수 학습 활동	시간(분)	자료(+) 및 유의점(*)
도입	수업 준비 및 전시 학습 확인	• 학생들의 주의를 집중시키기 및 전시 학습 확인 ▷수업 준비가 끝난 친구들은 선생님을 봐 주세요. 지난 시간에 우리 어떤 활동을 했었죠? (예: 편지 썼어요/퀴즈 문제 만들었어요) ▷오늘 무슨 활동하기로 이전 시간에 안내했죠? (예: 분쟁 탈출 게임이요) ▷게임에 필요한 핸드폰 다 준비했나요?	5	
	동기유발	• 예시 문제를 풀어보며 흥미를 유발하기 - 본격적인 게임을 진행하기 전에 연습문제를 풀어보며 게임 조작법과 흥미를 유발한다. ▷오늘은 여러분이 분쟁 해결사가 되어, 분쟁에서 탈출하는 게임을 해 볼 거예요. 예시 문제와 맵으로 연습 게임을 해 봅시다. 게임을 탈출할 수 있는 비밀번호는 어떤 것이었나요? (예: happy입니다.) ▷맞아요. 우리 문제 5개를 풀어 보니까 정답이 나왔죠? 이렇게 모든 문제를 풀면, 우리가 분쟁에서 탈출할 수 있는 열쇠가 나옵니다. 열쇠의 답은 무엇일지 추측하면서 게임 활동을 시작해 봅시다.		+ 연습 문제 * 학생들이 연습 문제를 통해 게임을 익힐 수 있도록 구성한다. * 난이도를 조절해서 학생들이 게임에 흥미를 갖도록 한다.
	학습 목표 제시	• 학습 목표를 함께 읽으며, 확인한다.		

단계	학습 내용	교수 학습 활동	시간(분)	자료(+) 및 유의점(*)
	학습 순서 안내	• 학습할 순서를 안내한다. [활동 1] 분쟁 탈출 넘버원 [활동 2] 분쟁 문제 풀이하기		
전개	활동 1	분쟁 탈출 넘버원 • 지난 시간 학생들이 만든 문제를 바탕으로 교사가 제작한 게임을 진행한다. – 10개의 문제를 풀어서 나오는 답을 순서대로 조합하여 만들어지는 문장을 완성하여 탈출하기 ▷이제 진짜 방 탈출 게임인 분쟁 탈출 넘버원 활동을 시작할게요. ▷게임을 진행하며 너무 어려운 문제가 있거나, 문제의 답이 맞는 것 같은데 통과가 안 될 경우는 선생님에게 질문하면 됩니다. 그리고 책을 읽으며 게임을 진행해도 됩니다. ▷가장 먼저 탈출하는 3개의 모둠에는 평화를 위한 특별한 선물이 준비되어 있으니 열심히 참여해야겠죠? ▷게임을 지금부터 진행하겠습니다. 〈분쟁 탈출 넘버원〉 – 게임은 개인별 패드로 진행한다. – 게임은 개인별로 진행하며, 상품 증정을 위한 순서는 모둠 구성원 3명 모두가 탈출 한 순서로 정한다. – 다른 사람에게 정답을 알려주는 행위가 발각된 경우 학급 구성원이 함께 정한 패널티를 부여한다. – 교사에게 질문하는 경우 10초간 움직일 수 없는 패널티를 부여한다. – 1번 문제부터 10번 문제까지 푸는 순서는 상관없으나, 정답은 1~10번까지의 정답을 순서대로 조합하여 문장을 만든다. – 정답을 모르는 경우 책을 참고할 수 있다. – 교사는 학생들이 '분쟁 탈출 넘버원'의 열쇠(정답)가 어떤 의미가 있는지 생각해 보도록 지도한다. – 상품은 『평화는 처음이라』 도서로 정한다. – 정답은 "I LOVE PEACE"로 정한다.	15	+ 게임 참여 QR 코드 + 개인 패드 + 참고 도서

단계	학습 내용	교수 학습 활동	시간(분)	자료(+) 및 유의점(*)
	활동 2	분쟁 탈출 넘버원 문제 풀이하기 • 모둠별로 제작한 문제 중 교사가 선정한 문제 1가지를 발표 PPT에 제시하고 문제를 풀이한 뒤, 탈출 소감과 열쇠의 의미를 발표한다. ▷분쟁 문제 풀이하기 ▷여러분 분쟁 탈출 넘버원에서 잘 탈출했나요? ▷다들 잘 탈출한 것 같은데, 그러면 우리가 제작한 문제들을 다시 소개하면서 전 세계에 있는 분쟁들이 어떤 분쟁이었는지 다시 생각해 보는 시간을 가질게요. ▷조별로 출제한 문제를 보며 왜 이 문제를 출제했는지, 정답은 왜 이것인지에 이야기를 해 주세요. ▷발표를 듣고 질문이나 궁금한 점, 느낀 점 등이 있으면 자유롭게 이야기해 봅시다. (○○모둠의 문제에서 ○○분쟁의 원인은 다른 것이 있을 수 있지 않을까요?) • 탈출 소감 및 열쇠의 의미 발표하기 ▷각 모둠의 발표를 잘 들어봤는데, 이제 분쟁에 대해서 다들 전문가가 되었나요? ▷이제 개인 활동지를 나눠줄 건데 개인 활동지에 가장 좋다고 생각하는 문제 3가지와 탈출 소감, 탈출에 필요한 열쇠였던 정답의 의미에 대해서 작성해 보는 시간을 가질게요. ▷모두 작성했으면 발표를 해 볼 건데, 어느 조가 발표해 볼까요? ▷발표를 들으면서 다른 친구들이 생각하는 정답의 의미와 나의 의미를 비교해 보면서 들으면 좋을 것 같아요.	25	+ 모둠별 문제가 있는 PPT + 발표를 위한 개인 활동지 * 개인 활동지 작성이 개인평가와 동료평가로 진행됨을 상기시킨다.
정리	정리 및 마무리	▷분쟁 탈출 게임 답이 뭐였죠? (예: I LOVE PEACE요.) ▷우리는 왜 평화를 위해 노력해야 하는지 이전 시간 편지를 썼던 기억을 되살려 이야기해 볼까요? (예: 너무나도 많은 사람이 고통받고 있어요. 그들이 고통받지 않도록 분쟁이 끝나고 평화가 찾아와야 해요. /난민이 되어 전 세계를 방황하고 있어요. 삶의 터전을 잃지 않도록 평화가 필요해요. /사실 평화가 필요한 이유는 없습니다. 우리가 당연하게 추구해야 하는 방향이라고 생각해요. 모두가 존중받는 그런 세계로 발전해야 합니다). ▷아주 잘 이야기해 줬어요. 분쟁의 다양한 문제점이 있지만, 특히 민간인들의 피해가 심각합니다. 이런 문제점들을 해결하기 위해 우리가 도달해야 할 목표가 바로 '평화'입니다. ▷다음 시간에는 우리가 평화를 위해 어떤 노력이 있을지 탐구해 봅시다.	5	* 평화가 필요한 이유를 최대한 많은 학생들에게 발표하도록 지도한다.

평가계획

● 교사평가

수준 평가 요소		매우 우수	우수	보통	미흡
지식	문제 해결	분쟁 탈출 넘버원 활동에서 5분 이내에 탈출에 성공함	분쟁 탈출 넘버원 활동에서 10분 이내에 탈출에 성공함	분쟁 탈출 넘버원 활동에서 15분 이내에 탈출에 성공함	분쟁 탈출 넘버원 활동에서 제한 시간 내에 탈출에 성공하지 못함
기능	발표 전달력	문제 해설을 발표하며 정확한 내용과 적당한 목소리, 올바른 태도로 발표함	문제 해설을 발표하며 정확한 내용과 올바른 발표를 하였지만 경청이 부족함	문제 해설을 발표하며 정확한 내용과 적당한 목소리로 발표를 하였지만 발표 태도와 경청이 미흡함	문제 해설을 발표하며 모든 요소에서 미흡한 점이 보임
가치 · 태도	협동	모둠원들의 의견을 경청하고 본인의 의견을 잘 제시하며, 소통하고 협력함	모둠원들의 의견을 경청하였으나, 본인의 의견을 잘 제시하지 못함	모둠원들의 의견을 경청하지 않았으나, 본인의 의견은 잘 제시함	모둠활동에 성실하게 참여하지 않음
	적극성	탈출 소감 및 열쇠의 의미를 적극적으로 전달함	탈출 소감 및 열쇠의 의미를 소극적으로 전달함	탈출 소감과 열쇠의 의미 중 한 가지만 전달함	탈출 소감과 열쇠의 의미를 전달하지 못함

> 자료

1. 학생 탐구활동지

① 분쟁 탈출 넘버원 활동지

분쟁 탈출 넘버원!

고등학교
_____ 학년 _____ 번
이름: _____

● 분쟁 탈출 넘버원 게임을 진행한 뒤 학습지를 작성해 봅시다.

1. 가장 좋았던 문제 세 가지와 간략한 이유를 적어 봅시다.

문제	한 줄 이유

2. 게임을 진행한 뒤에 간략한 소감을 적어 봅시다.

3. 정답인 'I LOVE PEACE'에 대해 자유롭게 자신의 의견을 적어 봅시다.

2. 강의 자료

① ZEP 분쟁 탈출 게임

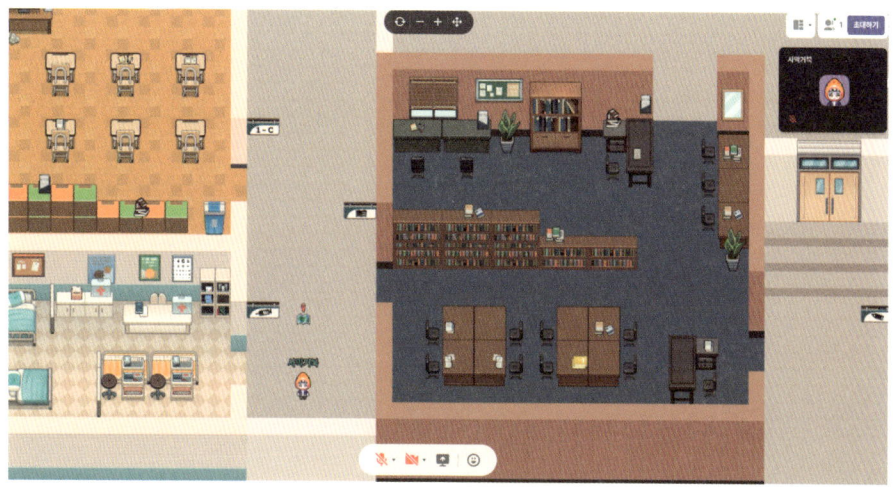

② PPT

[4차시] 교수-학습 과정안

개요

차시명(차시)	세계에 평화를 외치다! (4/4)		대상	고등학교 2-3학년
학습목표	• 평화를 위한 개인적 차원의 노력과 사회적 차원의 노력을 설명할 수 있다. • 평화 광고 제작을 통해 평화의 중요성을 알릴 수 있다.			
교수 학습 자료	교사	책『선생님, 더불어 살려면 어떻게 해요?』,『선생님, 세계시민이 되려면 어떻게 해야 해요?』, 개인 활동지, 모둠 활동지, 광고 콘티 활동지		
	학생	책『선생님, 더불어 살려면 어떻게 해요?』,『선생님, 세계시민이 되려면 어떻게 해야 해요?』, 개인 활동지, 모둠 활동지, 광고 콘티 활동지, 휴대폰, 동영상 편집 어플		

과정

단계	학습 내용	교수 학습 활동	시간(분)	자료(+) 및 유의점(*)
도입	수업 준비 및 전시 학습 확인	전시 학습 확인 • 지난 수업을 언급하며 전시 학습 확인하기 ▷지난 시간에 했던 방 탈출 게임을 통해서 우리가 어떤 것에 도달해야 했는지 다들 기억하나요? ▷이전까지 분쟁과 관련해서 배웠었죠? 오늘은 배운 내용을 토대로 우리가 나아가야 할 방향인 평화에 대해서 배우도록 할게요.	5	
	동기유발	• 뉴스를 시청하고 활동에 대해 흥미 유발하기 ▷뉴스에서 나온 광고는 어떤 분쟁을 배경으로 하고 있나요? (예: 러시아-우크라이나 분쟁을 배경으로 하고 있습니다). ▷평화를 위한 광고를 본 적이 있나요? (예: 한국전쟁을 배경으로 한 통일 평화 광고를 본 적이 있습니다/저는 본 적이 없는 것 같아요. 하지만, 평화에 대한 광고를 보니 정말 평화가 필요하다는 생각이 들어요)		+ 부산국제광고제, "평화를 노래하다"(2022-07-28, 목/뉴스데스크/부산MBC)
	학습 목표 제시	• 학습 목표를 함께 읽으며 확인한다.		

단계	학습 내용	교수 학습 활동	시간(분)	자료(+) 및 유의점(*)
	학습 순서 안내	• 학습할 순서를 안내한다. [활동 1] 평화를 위한 두뇌 그림 채우기 [활동 2] 30초 광고 계획하기 [활동 3] 30초 광고 제작하고, 발표하기		
전개	활동 1	평화를 위한 두뇌 그림 채우기 • 책 내용을 토대로 평화에 대한 개인적 노력에 대해 생각하고 두뇌 그림을 작성한다. • 책 내용 나누기 ▷우리 함께 평화에 대한 책을 읽어 왔었죠? 이를 바탕으로 평화에 대해 생각해 보는 시간을 가질게요. 이제 5분 동안 각자 평화에 대해 생각해 봅시다. ▷다들 평화에 대해 생각해 보았나요? 우리가 더불어 살기 위해 어떤 점들을 노력하면 좋을지 각자 한 가지씩 발표해 볼게요. 겹쳐도 되니 편하게 말해 주세요. • 개인 활동지 작성하기 ▷앞에서 나눈 더불어 살기 위한 노력과 평화에 대한 개인적인 생각들을 종합하여 선생님이 나누어준 사람의 머리 모양이 그려진 활동지에 자신의 생각을 적어 볼게요. ▷두뇌 그림에는 분쟁을 평화롭게 해결하기 위한 개인적 노력 및 마음가짐에 대해서 적어 주면 됩니다.	10	+ 개인별 책 + 개인별 두뇌 활동지
	활동 2	이 광고는 스킵하지마! • 『선생님, 세계시민이 되려면 어떻게 해야 해요?』를 참고하여, 사회적 차원의 노력을 담은 광고를 계획한다. • 『선생님, 세계시민이 되려면 어떻게 해야 해요?』 분석하기 ▷선생님이 읽고 오라고 한 『선생님, 세계시민이 되려면 어떻게 해야 해요?』의 내용을 토대로, 광고 콘티를 짜는 활동을 해 봅시다. ▷먼저, 콘티를 짜기 전에 학습지에 사회적 차원의 노력을 작성해 봅시다. ▷다들 작성했나요? 그럼 이제, 여러분이 작성한 사회적 차원의 노력과 개인적 차원의 노력을 담은 30초 광고 콘티를 짜 봅시다.	15	+ 콘티 활동지 * 순회지도를 하며 학생들의 질문에 대답한다. * 학생들이 자료를 찾기 어려워하면 필요한 자료를 함께 찾아준다.

단계	학습 내용	교수 학습 활동	시간(분)	자료(+) 및 유의점(*)
		〈광고 콘티 짜기〉 - 평화를 위한 개인적, 사회적 차원의 노력에 대해서 정리해 광고에 필수로 넣는다. - 광고 콘티는 최소 8장면 이상 구성해야 한다. - 광고는 30초로 제한한다. - 광고에 맞게 함께 평화를 위한 실천을 독려하거나, 평화의 필요성 자체를 광고해야 한다. - 학생들에게 광고 예시 자료를 제시한다. 　1) https://youtu.be/131TnrlzufY?feature=shared 　2) https://youtu.be/qFR6QwNnHnk?feature=shared ▷콘티를 작성하며, 궁금한 사항은 선생님에게 질문하세요. 만약 한글로 검색이 잘되지 않을 경우, 구글에 영어로 검색해 보길 추천합니다. 지금부터 콘티 짜기 활동을 진행해 주세요.		- 광고
활동 3	광고 제작하고 발표하기 • 광고 콘티를 바탕으로 광고를 제작하고 시연하며 광고 발표를 진행하기 • 광고 제작하기 ▷모둠별로 광고 콘티는 잘 짰나요? 그러면 이번에는 제작한 콘티를 바탕으로 직접 광고를 구성·제작하는 시간입니다. ▷모둠별로 분쟁을 평화롭게 해결하고 그 피해를 평화롭고 슬기롭게 이겨낼 수 있는 방법을 30초 광고로 만들어 봅시다. **〈광고 제작하기〉** - 광고의 분량은 30초로 한다. - 광고는 콘티를 바탕으로 제작하며 광고 시연을 위한 연습 시간은 5분으로 제한한다. - 광고 제작을 위해 필요한 준비물은 종이로 제작할 수 있다. - 4차시 동안 배운 분쟁과 이를 해결하기 위한 평화적인 노력을 반드시 포함한다. - 광고를 제작하고 시연할 때는 모둠원 3명 모두가 등장해야 한다. • 광고 시연 및 발표하기 ▷여러분 광고를 다 제작했나요? 그러면 지금부터 모둠별로 앞으로 나와서 광고를 시연·발표하는 시간을 가질게요. ▷다른 친구들이 광고를 발표하는 것을 보며 선생님이 나눠 주는 활동지에 동료평가와 우리 조 광고에 대한 자기평가를 진행해 보도록 할게요.	15	+ 발표를 보며 작성하는 활동지

단계	학습 내용	교수 학습 활동	시간(분)	자료(+) 및 유의점(*)
정리		• 광고 만들기 수업을 정리한다. ▷총 10편의 광고 중 어떤 광고가 가장 기억에 남았나요? (예: 저는 1조 광고가 가장 기억에 남습니다. 재미가 있으면서, 우리가 평화를 위해 실천해야 하는 노력이 잘 나타나서 좋았습니다/저는 4조의 광고가 기억에 남습니다. 마지막에 앞으로도 자신들이 실천하는 모습을 기대해달라는 말과 함께 실천하자는 말이 평화를 위해 지속적인 노력할 것 같아서 기억에 남습니다) ▷그럼 각자 평화를 위해 자신이 실천할 노력 한 가지씩 이야기해 볼까요? (예: 다양한 문화를 존중하겠습니다/친구들을 이해하는 것부터 시작하겠습니다/다양한 분쟁에 관심을 갖도록 하겠습니다/오늘 제작한 광고를 SNS에 올려 많은 사람들과 공유하겠습니다) ▷다들 평화를 위해 노력하기로 한 부분을 꼭 지키길 바랍니다. • 총 4차시 수업을 전체적으로 정리한다. ▷우리가 총 4번의 수업 동안 분쟁과 평화에 대해 수업을 진행했습니다. 분쟁이 발생하는 주요 요인을 분석하고, 해결하기 위한 노력까지 이야기해 봤는데, 앞으로 평화를 위해 노력할 수 있겠죠?	5	* 모든 학생들의 다짐을 듣는다.

평가계획

● 교사평가

수준 평가 요소		매우 우수	우수	보통	미흡
지식	광고 내용	광고의 콘티와 제작에 있어 필수 요소를 모두 반영함	광고의 콘티와 제작에 있어 필수 요소의 70%를 반영함	광고의 콘티와 제작에 있어 필수 요소의 50%를 반영함	광고의 콘티와 제작에 있어 필수 요소의 30% 미만을 반영함
기능	광고 제작	광고 제작과 발표에 있어서 참신한 아이디어와 풍부한 표현력이 돋보임	광고 제작과 발표에 있어서 참신한 아이디어가 있으나 표현력이 부족함	광고 제작과 발표에 있어서 아이디어와 표현력이 부족함	광고 제작과 발표에 있어서 참여를 하지 않음
가치·태도	협동	모둠원들의 의견을 경청하고 본인의 의견을 잘 제시하며, 소통하고 협력함	모둠원들의 의견을 경청하였으나, 본인의 의견을 잘 제시하지 못함	모둠원들의 의견을 경청하지 않았으나, 본인의 의견은 잘 제시함	모둠 활동에 성실하게 참여하지 않음
	적극성	광고를 시연하는 데 적극적으로 참여하며, 다른 학생들의 발표를 경청의 자세로 들음	광고를 시연하는 데 적극적으로 참여하지만, 다른 학생들의 발표를 경청의 자세로 듣지 않음	광고를 시연하는 데 소극적으로 참여하지만, 다른 학생들의 발표를 경청의 자세로 듣지 않음	광고를 시연하는 데 참여하지 않고, 다른 학생들의 발표를 경청의 자세로 듣지 않음

● 교사평가

최후의 광고를 뽑아라

고등학교
_____ 학년 _____ 번
이름: _____

1. 모둠별로 준비한 광고를 보고 가장 기억에 남는 광고 3가지와 그 이유를 써 봅시다.

순위	모둠	한 줄 이유

2. 광고 만들기 활동을 토대로 모둠원 평가를 작성해 봅시다.

모둠원 이름	평점	한 줄 이유

3. 광고 만들기 활동을 토대로 자기평가를 작성해 봅시다.

이유 작성하기 (잘했던 점, 아쉬웠던 점)

자료

1. 학생 탐구활동지

① 개인적 차원의 노력 활동지

평화 두뇌 채우기

고등학교
_____ 학년 _____ 번
이름: _____

1. 앞에서 나눴던 더불어 살기 위한 노력과 평화에 대한 개인적인 생각들을 적어 봅시다.

2. 두뇌 그림에서 빈 부분에 분쟁을 평화롭게 해결하기 위한 개인적인 노력, 마음가짐에 대해 적어 봅시다.

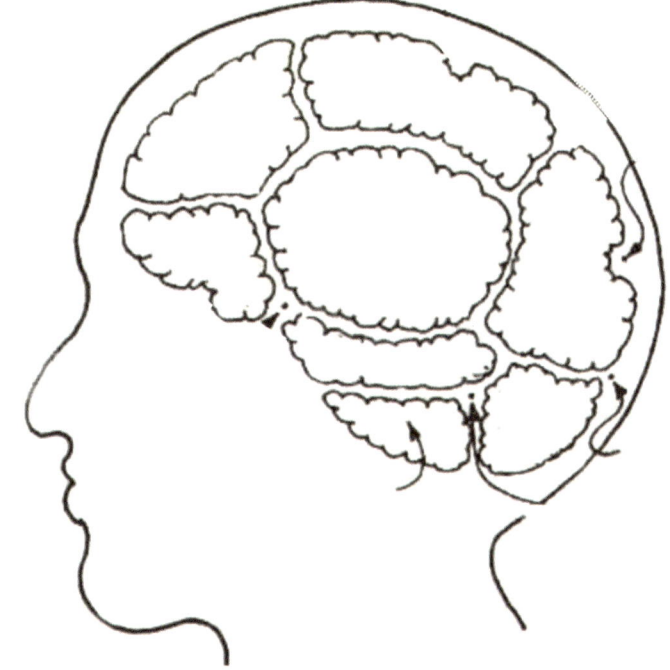

② 사회적 차원의 노력 활동지

이 광고는 스킵하지마!

고등학교
_____학년 _____번
이름: _____

● **평화를 위한 사회적 차원의 노력을 담은 광고 계획하기**

1. 사회적 차원의 노력에 대한 마인드맵을 작성해 봅시다.

사회적 노력

③ 광고 콘티 활동지

이 광고는 스킵하지마!

고등학교
_____ 학년 _____ 번
이름: _____

2. 앞에서 작성해 본 두뇌 그림과 마인드맵을 바탕으로 광고 콘티를 짜 봅시다.

3. 우리 모둠이 계획한 광고의 기획 의도를 간략하게 써 봅시다.

평화를 지키고 만들기 위해 우리가 할 수 있는 것

개요

학습 목표	인지적 영역	• 학생들이 여러 그림책을 활용하는 스토리텔링 활동을 통해 '난민'에 대한 지식과 세계에서 활동하는 사람들의 활동을 안다. • 자료·ICT를 적절히 활용하여 평화를 지키기 위해 우리가 할 수 있는 일을 스스로 생각하고 그 의미를 이해하고 탐구한다.		
	사회·정서적 영역	• 학생들이 조사하고 생각한 내용을 정리하여 친구들에게 전달할 수 있다. • 학생들이 평화를 지키기 위해 할 수 있는 일을 생각하고 이를 정리하여 발표할 수 있다.		
	행동적 영역	학생들이 세계의 다양한 문제를 먼 나라의 이야기가 아닌 자신의 문제로 인식하고 행동할 수 있다.		
학습유형		문제기반학습, 시뮬레이션 활용		
대상		중학교 3학년	과목	통합 학습 시간, 사회과
장소		교실	활용 자료	도서, 활동지

수업에서 주안점

○ 학생 측면

학생들은 전쟁이나 폭력이 없는 상태를 '평화'라고 이해하는 경향이 강하며, '평화=전쟁이 없는 것(소극적 평화)'으로 이해하는 수준에 머무르고 있다. 학생들은 구조적 폭력이나 문화적 폭력 등 눈에 잘 보이지 않는 문제에 대한 관심과 이해가 아직 충분히 하지 않아, 평화를 자신의 문제로 인식하는 힘을 기르는 과정이다. 그러나 추상적인 개념이나 다양한 가치관에 접하는 것에 대한 관심은 높아지고 있어서, 갈퉁의 '적극적 평화'와 '소극적 평화'와 같은 관점을 도입함으로써 평화를 다면적으로 바라보는 기반을 만들 수 있다.

수업에서는 구체적인 사례를 통해 학생들이 주체적으로 평화를 생각하는 힘을 기르는 것을 목표로 한다. 또한 고이평화재단(五井平和財団)과 무사시노시(武蔵野市)의 조사에 따르면, 평화에 관심은 있지만 '내가 할 수 있는 일을 모르겠다.'라고 느끼는 학생들이 많다. 따라서 추상적 개념이나 타인의 입장에서 평화를 바라보는 힘을 앞으로의 학습에서 길러주어야 할 필요가 있다. 본 수업에서는 난민 문제나 원자폭탄 피폭자의 목소리 등 구체적인 사례를 다룸으로써 학생들이 '적극적 평화'와 '소극적 평화' 개념을 이해하고, 이를 계기로 평화를 다양한 각도로 바라보는 힘을 기르고자 한다.

○ 수업 지도 측면

현재, 난민 문제가 국제 뉴스에서 자주 다뤄지고 있다. 난민 문제는 단순한 국제 과제에 그치지 않고, 우리 한 사람 한 사람의 인권과 평화의 가치와 밀접하게 연관되어 있다는 것을 이해시키고자 한다. 또한 구체적인 사례와 현장의 목소리를 통해, 난민을 비롯해 '누군가'나 '무언가'를 위해(평화를 위해) 세계에서 활동하는 사람들의 현황과 과제를 실감하게 하고, 공감과 관심을 높이는 것을 목표로 한다. 갈퉁의 평화학에서 말하는 '소극적 평화'(전쟁이나 직접적 폭력이 없는 상태)뿐 아니라, '적극적 평화'(빈곤과 차별과 같은 구조적 폭력이 없는 지속 가능한 평화)라는 관점을 수업에 도입함으로써, 난민 문제는 바로 적극적 평화가 실현되지 못한 현실의 한 예임을 보여 준다. 그리고 학생들은 '분쟁이 없는 상태=평화'가 아님을 이해할 수 있는 기회가 된다.

첫 번째 시간 '평화란 무엇인가'에서는 '밥을 먹을 수 있다', '친구와 놀 수 있다' 등 당연한 일상만을 생각하는 것이 아니라, '평화학'이라는 학문이 존재하며, 오랫동안 '평화란 무엇인가?', '어떻게 평화를 구축할 수 있는가'를 학문적으로 탐구해 왔음을 알려준다. '소극적 평화'와 '적극적 평화' 개념을 통해, '분쟁이 없는 상태=평화'가 아니라, 난민 문제나 빈곤, 차별이 없고 사람들이 안심하고 살아갈 수 있는 사회가 진정한 평화라는 시각을 심어주고자 한다. 이를 바탕으로 국제사회의 일원으로서 책임과 자신이 할 수 있는 일을 생각하는 기회로 삼으며, '알기', '관심 가지기', '목소리 내기'와 같은 작지만 확실한 행동이 평화를 만드는 첫걸음임을 느끼게 한다. 또한 구체적인 사례와 현장에서 활동하는 사람들의 목소리를 다루며, 타인의 시각에 서서 공감하고, 사물을 다각적으로 바라보는 힘을 기른다. 이러한 학습을 통해 세계의 여러 과제를 먼 일이 아닌 자기 일로 인식하고, 미래의 평화와 공생을 구축해 나갈 수 있도록 하고자 한다.

선정 도서 미리 읽기

평화란 어떤 걸까?

하마다 게이코, 박종진 역, 2011, 사계절

주제: 평화. 한·중·일 공동기획의 평화 그림책으로서 전쟁이 없는 평화로운 세상을 꿈꾸고 있다.

이 책은 전쟁이나 폭력과 같은 직접적인 위협뿐 아니라 일상 속에 숨어 있는 차별이나 무관심과 같은 '보이지 않는 폭력'에도 주목하며, 학생들이 스스로 평화의 본질을 다시 물어보는 기회를 제공한다. 수업의 도입부에서 이 책을 제시함으로써 시각적·청각적인 인상을 통해 학생들의 감정에 호소할 수 있다. 또한 이 책은 '평화란 무엇인가'라는 추상적인 주제에 대해서 구체적인 생활 속에서 전해지는 말들이 학생들의 경험에 뿌리내린 학습으로 이어지게 한다는 점에서 교재로서의 가치가 있다. 중학생에게 평화라는 주제는 멀고 추상적으로 느껴질 수 있지만, 이 교재는 평화라는 개념을 친근하게 끌어와서 이야기 속에서 자신을 비추어 보게 함으로써 깊은 이해와 깨달음을 촉진하는 기능을 한다.

쿠투팔롱의 눈물

카리니나 쇼스케(狩新那 生助), 2018, 타쿠쇼쿠출판사(拓殖書房新社)

주제: 난민. 쿠투팔롱 미얀마 난민 캠프의 박해를 로힝야족을 통하여 난민과 난민 문제를 이해하고 난민에게 평화를 줄 수 있는 대책을 마련하고 실천하도록 한다.

이 책을 통해 '사진으로만 전할 수 있는 것이 있다.'라는 생각을 학생들에게 전달하고, 세계에는 어려움에 처한 사람, 고통받는 사람이 있다는 사실을 알게 하여, 자신이 할 수 있는 일을 생각하고 실천할 수 있도록 하고자 한다. 이 책에는 난민 캠프에서 약을 받으려고 줄 서 있는 사람, 배급표를 소중히 쥐고 있는 사람 등 다양한 사람들이 있음을 보여 주고 있다. 그 난민 캠프에는 여러 생각을 품고 살아가는 사람들이 많이 있고, 우리는 이런 사람들이 살아가고 있다는 것을 알아야 한다. 이 책에 소개하는 사진들의 하단에는 작은 메시지가 적혀 있다. 그중 한 사진에는 '박해를 받지 않는 안전은 보장되지만, 로힝야 민족의 진정한 미래는 여기에 있지 않다'라는 글귀가 있다. 이는 진정한 평화가 어떤 모습인지 생각하게 하는 계기를 준다. 대부분 사진으로 구성된 이 책이 전달하는 메시지를 읽어 보고, 이를 행동으로 옮기는 것을 목표로 한다.

톳짱이 찾아간 아이들

타누마 무능(田沼 武能), 2021, 이와나미 서점(岩波書店)

주제: 전쟁과 자연재해. 가난에도 굴하지 않고 필사적으로 살아가는 아이들의 모습을 생생하게 담아낸 사진과 현지에서의 생생한 인상을 담은 글로 구성된 포토에세이이다.

이 책을 통해 '사람이 사람을 잇는다.'라는 의미를 읽어 내고자 한다. 유니세프 친선대사로 활동하는 일본의 구로야나기 데쓰코 씨는 많은 나라를 방문하여 아이들과 교류해 왔다. 우리가 아는 사람의 행동을 다룸으로써 문제를 더 잘 마주할 수 있고, 이어지고 싶다는 생각을 하게 만드는 책이다. 이 책은 분쟁뿐 아니라 자연재해에 대해서도 언급하며, 구로야나기 씨가 이어 준 아이티와 동일본의 인연도 담겨 있다. 이를 통해 '누군가가 움직이고 있다', '돕고자 하는 사람이 있다'는 사실을 알게 되며, 앞으로 어떻게 행동할지에 대한 단서가 된다. 또한 이 책을 통해 우리와 같은 또래의 사람들이 어떻게 살아가고 있는지도 받아들이고, 지금부터 실천할 수 있는 행동을 고민하고 실행하는 것을 목표로 한다.

피폭자로부터 당신에게

일본 원자폭탄피해자단체협의회(日本原水爆被害者団体協議会), 2021, 이와나미 서점(岩波書店)

주제: 평화. 1945년 8월의 원폭 투하로 지옥이 된 히로시마와 나가사키에서 살아온 피폭자들은 원폭이 심신에 가져다주는 고통과 싸우며 피해의 실상을 호소하고 원폭 투하의 책임을 물으면서 핵 없는 세계의 실현을 바라며 다음 세대에 메시지를 전하고 있다.

이 단원은 현대적·종합적인 학습 과제인 '국제이해·평화'를 주제로 설정하였다. 전쟁을 모르는 세대가 늘어나는 오늘날에도 핵무기와 평화의 문제는 여전히 중요한 과제이다. 이에 『피폭자로부터 당신에게』를 활용하여, 히로시마·나가사키에서 피폭된 분들의 수기에 접하는 수업을 진행한다. 이 책에 담긴 증언은 각자의 체험을 통해 생명의 소중함과 전쟁의 현실을 깊이 전하며, 아이들에게 강한 울림을 준다. 또한 2024년에는 피폭자의 목소리를 세계에 전해온 일본원폭피해자단체협의회(피단협)가 노벨평화상을 수상하여 그 활동이 국제적으로 높이 평가 받았다. 이러한 사실을 바탕으로 '계승하는 것'과 '기록으로 남기는 것'의 의미를 함께 고찰하게 하여, 아이들이 피폭자의 말을 자신에게 전하는 메시지로 받아들이고, 평화로운 사회의 주체로서 자각과 행동을 기르도록 하는 것을 목표로 한다.

학습 영역

	1	2	3	4
A. 다문화 사회	문화 이해	문화 교류	다문화 공생	
B. 글로벌 사회	상호 의존	정보화		
C. 지구적 과제	인권	환경	평화	개발
D. 미래 선택	역사 인식	시민 의식	사회 참여	

개요

시수	목표	활동	자료
1	평화란 무엇인지 그림책을 읽고 생활과 연결하여 생각하고, 워크시트를 작성할 수 있다.	• 마인드맵을 활용하여 평화란 무엇인지 생각한다. • ICT를 활용하여 전체와 공유한다. • 『평화란 어떤 것일까?』의 본문을 읽는다. • 마인드맵에 추가로 정리한다. • 평화가 아닌 상황에 대해 생각하고, 과제를 제시한다. • 갈퉁의 평화학에서 '소극적 평화'와 '적극적 평화'라는 개념과 용어를 익힌다. • 여러 과제 중에서도 '난민'에 대해 조금 다루어 다음 수업으로 연결한다.	『평화란 어떤 걸까?』 『쿠투팔롱의 눈물』
2	난민이 무엇인지 몇 장의 사진을 통해 생각하고, 그것이 세계적인 문제 중 하나임을 이해할 수 있다.	• 지난 시간에 다룬 난민에 대해 뉴스 등을 통해 되돌아본다. • 『쿠투팔롱의 눈물』의 몇 장의 사진을 보고, 느낀 점을 이야기한다. • 자신의 생활과 비교하여, 난민이 왜 평화롭지 못한 상황인지 다시 생각하고 워크시트에 정리한다. • 난민들의 현황을 알고, 그들을 지원하는 사람들이 있다는 사실을 알며, 다음 수업으로 연결한다.	『쿠투팔롱의 눈물』
3	어려움에 처한 사람을 위해 활동하는 사람(지원하는 사람)에 대해 알고, 네 개의 장을 나누어 맡아, 다른 사례를 조사한 사람에게 설명할 수 있다.	• 지원 활동을 하는 사람들이 있다는 사실을 되돌아본다. • 『톳짱이 찾아간 아이들』 속 네 가지 사례를 그룹별로 나누어 읽는다. • 읽고 나서 어떤 활동인지, 무엇을 위해 하는 것인지, 어떻게 평화로 이어지는지를 생각한다. • 네 개의 그룹에서 한 명씩 모아 새 그룹을 만들어 서로 공유한다. • 배운 내용을 워크시트에 정리한다. • 난민뿐 아니라 다양한 과제에 대응하여 전 세계에서 활동하는 사람들이 있다는 사실을 알고, 다음 수업으로 연결한다.	『톳짱이 찾아간 아이들』

시수	목표	활동	자료
4	난민뿐 아니라 다양한 과제에 대응하여 전 세계에서 활동하는 사람들이 있다는 것을 알고, 모둠별로 정리하여 발표할 수 있다.	• 『피폭자로부터 당신에게』를 읽고, 지난 시간에 배운 난민 지원 외에도 평화를 지키기 위해 활동하는 사람들이 있다는 것을 안다. • 모둠을 구성하여 다른 나라나 다른 활동을 하는 사람들을 ICT나 책을 활용하여 조사한다. • 조사한 내용을 정리하고, 생각한 것을 전체와 공유한다.	『피폭자로부터 당신에게』
5	평화를 지키기 위해 우리가 할 수 있는 일을 생각하여 워크시트에 정리하고, 친구들과 공유할 수 있다.	• 지금까지 배운 난민과 전 세계에서 활동하는 사람들의 존재를 되돌아본다. • 평화를 지키고 만들기 위해 내가 무엇을 할 수 있는지 생각하여 워크시트에 작성한다. • 작성한 내용을 그룹과 전체에서 공유한다. • 내가 할 수 있는 일과 관련하여, 실현 가능한 작은 한 걸음(행동)을 생각한다.	

과정

시간(분)	교수 학습 활동	지도상의 유의점	자료
2	• 평화란 무엇인지, 마인드맵을 활용하여 생각한다. ▷여러분이 생각하는 평화는 무엇입니까? 마인드맵을 사용해 생각해 봅시다.	– 교사가 작성한 마인드맵을 제시한다. – 생각하기 어려워하는 학생에게는 일상생활에서부터 생각해 보도록 조언한다. – ICT를 활용한다.	마인드맵
2	• 생각한 내용을 전체와 공유한다. – 저는 전쟁이 없는 것이라고 생각합니다. – 모두가 자유로운 상태입니다. – 좋아하는 것을 먹을 수 있다. – 의식주가 갖춰져 있다. – 또 뭐가 있을까? – 평화는 전쟁이 없는 것 정도만 생각이 안 나네요. <목표> 평화란 어떤 것인지, 그림책을 읽고 자신의 생활과 연관지어 생각하며 워크시트에 정리하자!		
3	• 『평화란 어떤 걸까?』의 본문을 읽는다.	– 프로젝터에 그림책을 띄워, 모든 사람이 그림책을 볼 수 있도록 한다. – 추가한 내용은 색을 바꿔서 표시한다.	『평화란 어떤 걸까?』
2	• 마인드맵에 책을 읽거나 친구의 생각을 들은 후, 추가할 것이 있으면 추가한다. ▷깨달은 점 등을 추가해 봅시다.		

시간(분)	교수 학습 활동	지도상의 유의점	자료
5	• 평화롭지 않은 상황이 무엇인지 조사 학습을 한다. ▷마인드맵에는 '평화로운 것'을 적었습니다. 다음은 '평화롭지 않은 것'을 적어 봅시다. 인터넷을 사용해 세계에서 일어나고 있는 평화롭지 않은 일, 예를 들어 분쟁이나 식사를 할 수 없는 상황을 무엇이라고 하는지 조사해 봅시다.	- 조사한 '평화가 아닌 상황'에 대해 마인드맵에 색을 바꿔 추가한다.	
5	• 조사한 내용을 그룹에서 공유한다. ▷평화롭지 않은 상황이라 하면 전쟁이 있는 것입니다. 조사를 해 보니 지금도 '분쟁'이라는 말이 인도와 파키스탄에 있었습니다. 하지만 이 분쟁은 현재 휴전 중이라고 합니다. ▷그 밖에도 목숨이 위태로운 일이 있습니다. ▷원하는 것을 원하는 만큼 먹을 수 없는 것입니다. '빈곤'이라는 단어가 나왔습니다. 전 세계에는 7억 6700만 명이 그런 상황에 있다고 합니다. ▷차별 등도 직접적이지는 않지만, 당하는 쪽은 상처를 받기 때문에 평화롭지 않네요.	- 그룹에서 이야기하여, 자신이 생각한 것과 다른 '평화가 아닌 상황'에 대해서도 마인드맵에 추가한다. - 현실적인 내용을 제시하고 있는 모둠이 있다면, 그것을 다루도록 한다. 데이터가 있으면 좋다.	
7	• 조사한 내용을 전체와 공유한다. ▷우리 조에서는 '빈곤'이라는 단어가 나왔습니다. 전 세계에는 약 7억 6700만 명이 빈곤 상태에 있다고 합니다. 그리고 세계뿐 아니라 일본에도 '상대적 빈곤율'이라는 이름으로 15.7%의 사람이 있다고 합니다. ▷우리 조에서는 '차별'이 있다는 의견이 나왔습니다. 현재도 인종차별이나 장애가 있는 사람에 대한 차별이 존재한다는 것입니다.		
4	• '난민'의 상황을 알 수 있는 한 장의 사진을 보고 깨달은 것을 발표한다. • 이 사진을 보고 느낀 점이 있나요? - 집이 굉장히 많이 있습니다. - 자세히 보니 비닐 시트 지붕이 있습니다. - 가장 가까이에 있는 집의 벽은 나뭇가지로 만들어진 것처럼 보입니다. - 우리가 사는 집보다 무너질 것 같은 집이 많이 있습니다. - 자세히 보니 맨발의 아이가 있었습니다.	- 발언이 나오지 않을 경우, '사진에 무엇이 비치고 있는지'나 '우리 생활과 비교했을 때 다른 점이 있는지' 등을 묻는 보조 질문을 한다.	『쿠투팔롱의 눈물』
10	• 갈퉁(Johan Galtung)의 평화 개념을 이해하고, '적극적 평화'와 '소극적 평화' 용어를 익힌다.	- 키워드를 제시할 때는 제시만 하지 않고, 용어를 설명하도록 한다. 그때 예를 들어 설명함으로써, 학생들끼리 설명할 때의 본보기가 되게 한다.	

시간(분)	교수 학습 활동	지도상의 유의점	자료
8	〈키워드〉 • 소극적 평화: 전쟁이나 직접적인 폭력이 없는 상태 • 적극적 평화: 빈곤이나 차별과 같은 구조적 폭력이 없는, 지속 가능한 평화를 만들어 가려는 것 ▷ 평화를 목표로 하는 사람들에게 갈퉁의 평화는 떼려야 뗄 수 없는 중요한 개념입니다. 평화에 대해 배우는 여러분도 꼭 기억해 두었으면 하는 용어 중 하나입니다. • 학습한 용어를 사용하여, 짝과 함께 그 의미를 설명한다. – 전쟁이나 다툼이 전혀 없는 상태를 '소극적 평화'라고 한다는 것을 알게 되었다. – 빈곤이나 차별은 부모 세대부터 이어져 내려오는 상황으로, 아이들이 스스로 바꾸기 어려운 사회적 폭력을 '구조적 폭력'이라고 한다. – 구조적 폭력은 누군가가 눈에 보이게 때리거나 물리적 폭력을 가하는 것이 아니다. – 법이나 제도에 의해 결정되어 사회 구조 속에 고착되어, 보조금이 없어 가난하게 살아가게 된 사람들도 구조적 폭력을 겪고 있다고 할 수 있을 것 같다. – 적극적 평화는 단순히 다툼이 없는 소극적 평화만이 아니라, 직접적인 폭력이 아닌 구조적 폭력까지 없애려는 것을 의미한다고 생각한다. – 일본은 소극적 평화는 실현되었을지 몰라도, 여전히 가난하게 사는 사람이나 차별을 받는 사람이 있기에, 적극적 평화는 달성되지 못하고 있는 거네. 〈정리〉 • 평화의 형태는 하나가 아니다. 평화롭게 살 권리는 모두에게 있다. • 세계의 여러 문제(특히 난민)에 대해 관심을 가진다.	– 배운 키워드를 학생이 자신의 말로 설명할 수 있도록 한다.	
2	• 평화의 형태에는 다양한 것이 있다는 것을 이해하고, 다음 활동을 이해한다.		

평가 계획

① 조사하고 생각한 내용을 워크시트에 정리할 수 있다. (사고력, 판단력, 표현력 등)
② '평화란 무엇인가'에 대해, 갈퉁의 평화 개념에서 학습한 키워드를 자신의 말로 설명할 수 있다. (사고력, 판단력, 표현력 등)

평가 기준	① 지식 및 기능	– '난민'에 대해 알고, 그 문제를 해결하는 것이 평화로 이어진다는 것을 이해한다. – 평화를 지키기 위한 행동을 생각하기 위해 자료나 ICT를 적절히 활용한다. – 세계에서 활동하는 사람들의 활동과 목적을 이해한다.
	② 사고력·판단력·표현력 등	– '평화란 무엇인가?', 난민, 세계에서 활동하는 사람들에 대한 조사·생각을 워크시트에 정리할 수 있다. – '평화란 무엇인가'와 난민, 세계에서 활동하는 사람들에 대해, 같은 조의 친구나 다른 NGO·NPO 단체를 조사한 친구에게 자신의 생각을 전달하거나 설명할 수 있다.
	③ 학습력 및 인성	– 세계의 여러 과제를 나와 먼 것으로 여기지 않고 자기 일로 인식하여 생각하고, 행동하려 한다.

참고 자료
일본국제이해교육학회 편저, 2022. 『현대 국제이해교육 사전』(개정 신관). 아카시쇼텐

자료

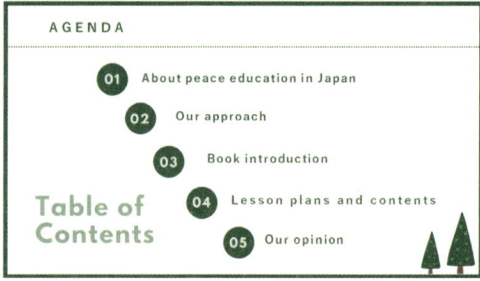

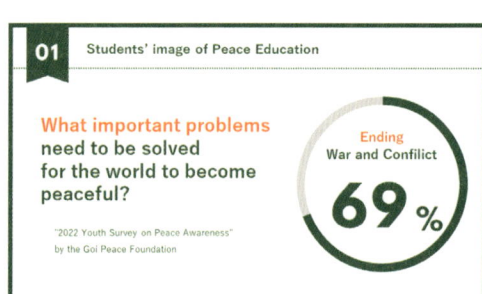
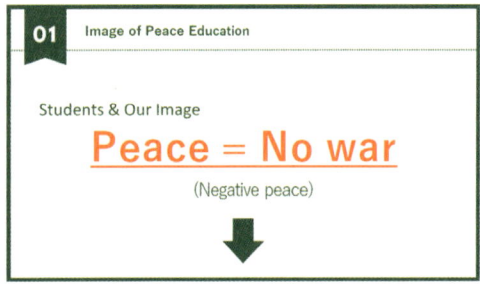

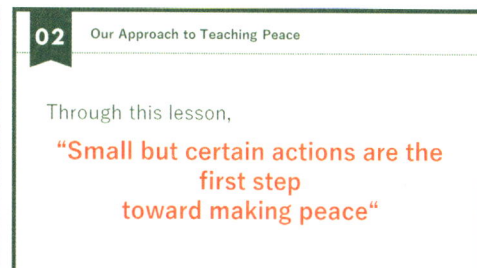
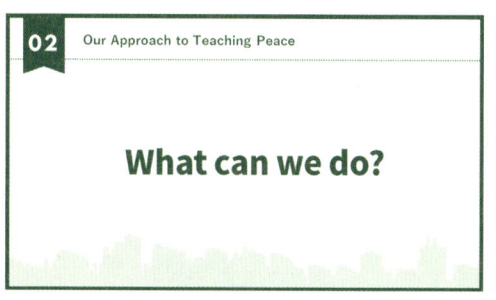
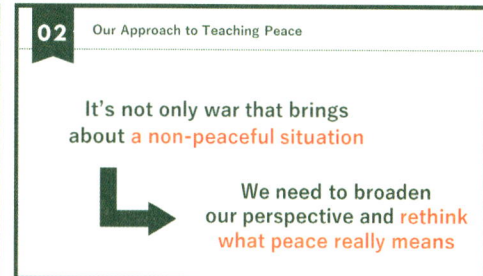
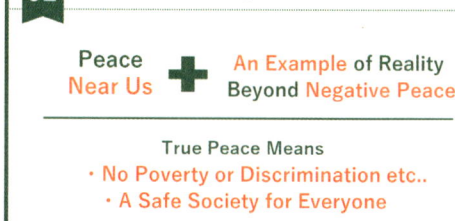
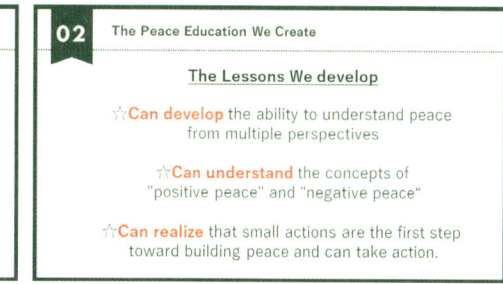

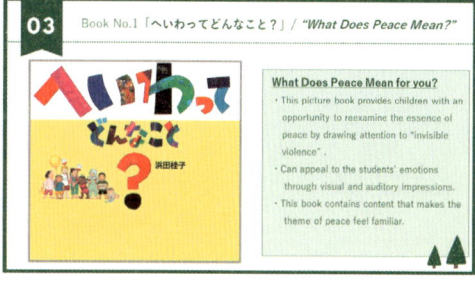

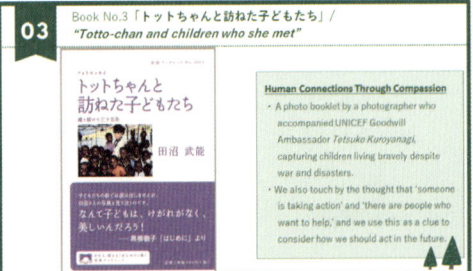

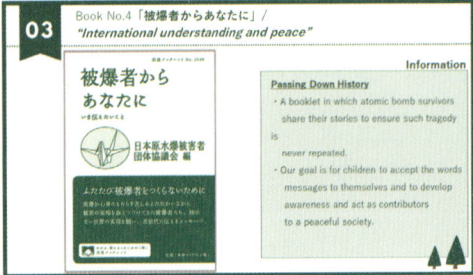

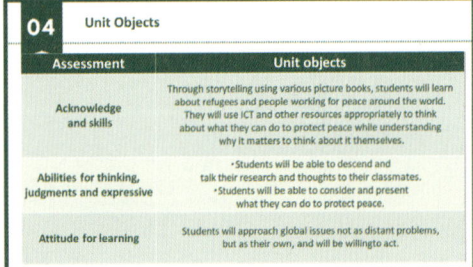

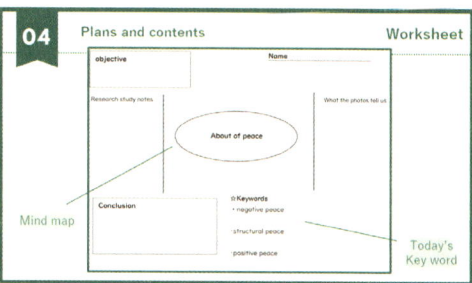
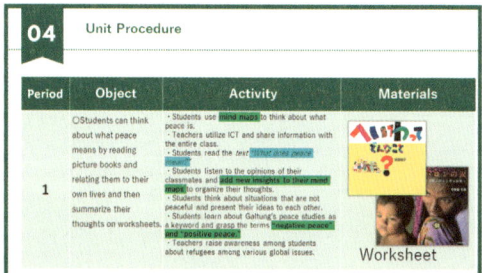
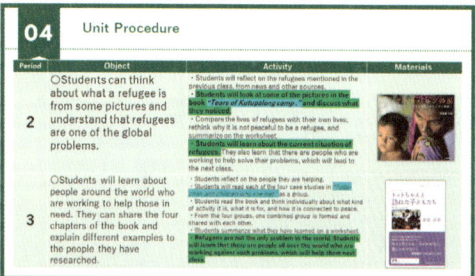
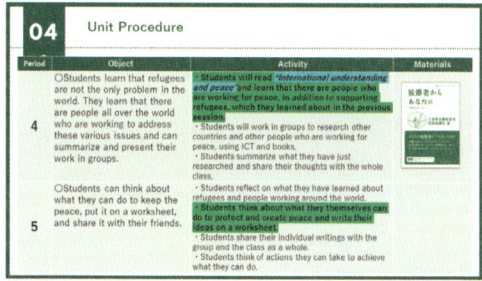

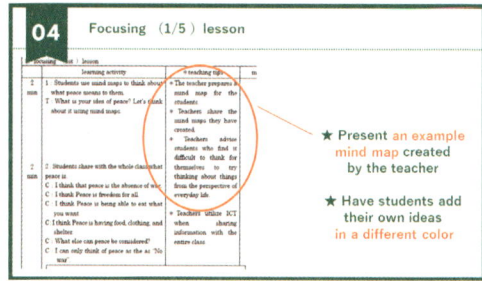
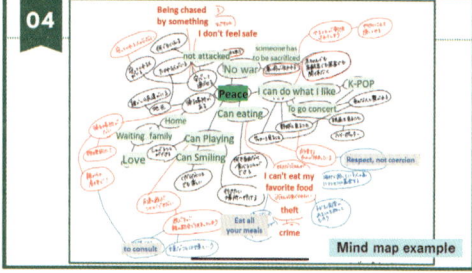

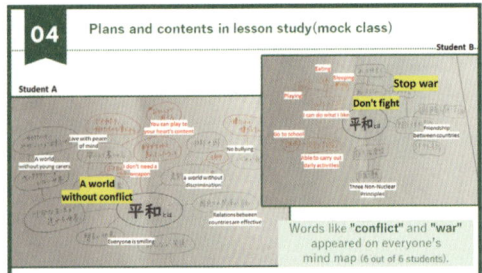

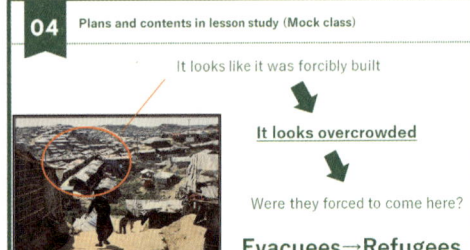
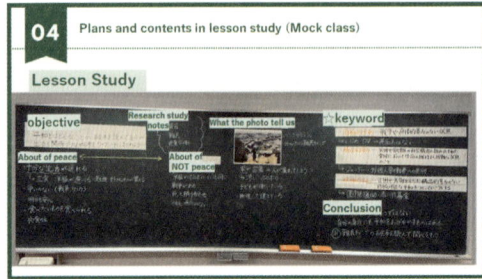
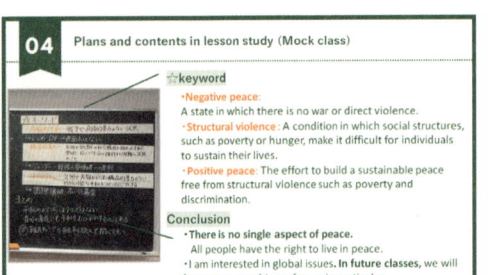
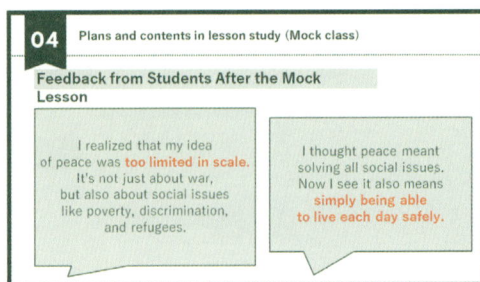
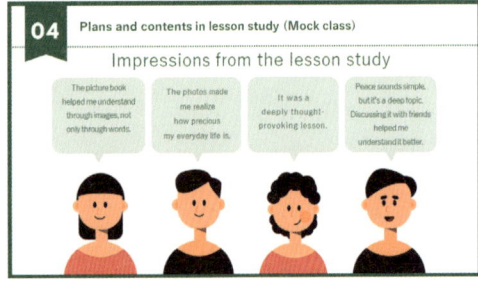
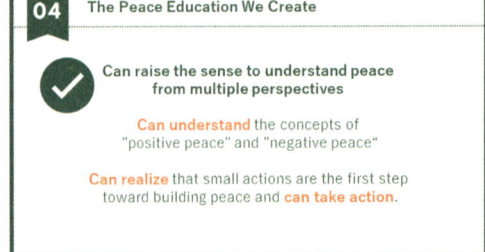

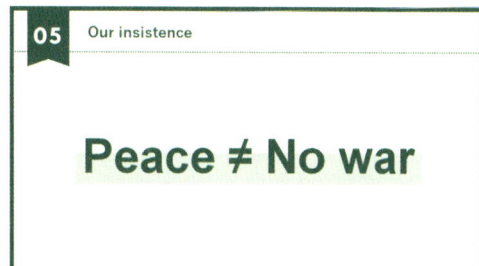
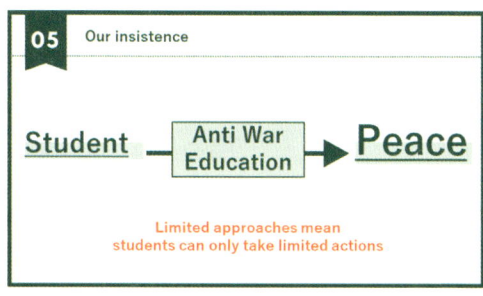
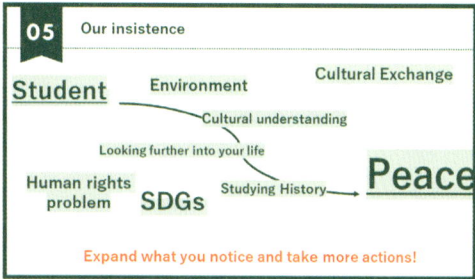
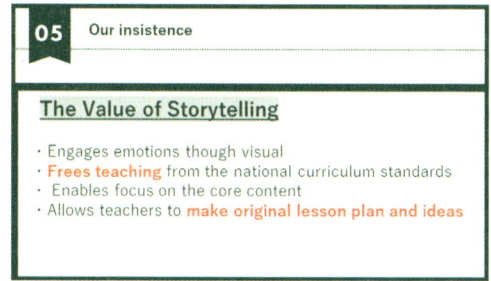

3. 지속가능발전교육의 실제

● 수업 구성 개요

유네스코 세계시민교육 연계 요소
○ 지역, 국가, 세계 차원에서 동동체 간의 상호작용과 연계에 영향을 미치는 이슈
○ 사람들이 속한 다양한 공동체와 공동체 간의 상호연계 방식
○ 개인적, 집단적으로 취할 수 있는 실천
○ 윤리적으로 책임감 있는 행동
○ 참여하고 실천하기

…▸ 지속가능발전교육			
학교급	학습 주제	학습 내용	개발자 및 지도자
고등학교	가이아의 선택 -기후정의와 지역문제	세계의 기후변화 문제 파악하기 기후정의 실현을 위한 기후소송 진행하기	이화여자대학교 사범대학 예비교사 성은서, 하승희, 김태랑 지도: 이화여자대학교 이종원 교수
중학교	코끼리의 행진: 인간-자연 공동체의 이야기	왜 코끼리는 서식지를 떠나는가? 코끼리 가족의 북부로 이동 이야기 인간과 코끼리의 공존 이야기(지역 실천) 코끼리 가족의 국제 여행(국제 협력)	중국 북경사범대학 예비교사 리 루오빙, 한 쭈오옌, 왕 야하오 지도: 북경사범대학 강영민 교수

가이아의 선택: 기후정의와 지역문제

개요

학습 목표	인지적 영역	• 세계 여러 국가의 기후변화 실태와 그 심각성을 이해한다. • 전 지구적 기후변화 문제에 숨겨진 사회적 불평등 문제를 인식한다.
	사회·정서적 영역	• 세계 여러 국가에서 발생한 기후변화 문제 해결의 필요성에 공감한다. • 세계의 기후변화로 어려움을 겪는 사회적 소수자와 약자의 문제에 공감한다.
	행동적 영역	• 세계 여러 국가의 기후변화 문제 및 해결방안에 관심을 가지고 탐색한다. • 기후정의 문제 해결에 관심을 가지고 실천한다.
학습유형		문제기반학습, 시뮬레이션 활용
장소		교실
활용 자료		도서(일인용 캡슐), 활동지

수업에서 주안점

❶ 기후변화가 생태계와 인류 사회에 미치는 심각한 영향을 인식하고, 이는 인류 전체의 생존과 직결된 문제임을 이해하도록 지도한다. 이를 통해 학생들이 세계시민으로서 기후변화 문제에 직면하고 해결해 나가야 할 책임감을 가지도록 한다.

❷ 기후정의 개념을 학습하여 기후변화로 인해 발생하는 불평등과 부당함을 이해하고, 이를 해결하기 위해 자신의 일상생활에서부터 세계시민으로서의 역할을 수행할 수 있도록 지도한다.

❸ 교수-학습 과정안은 총 2차시 분량의 학습으로 계획되었으며, 가용 시간에 따라 활동의 난이도를 유연하게 조정하여 적용하도록 한다.

❹ 학교 현장과 학습자의 상황에 맞게 문제기반학습 및 시뮬레이션 이외의 교수-학습 방법을 도입할 수 있다.

> 선정 도서 미리 읽기

일인용 캡슐

김소연·윤해연·윤혜숙·정명섭, 2021, 라임

주제: 기후변화. 이 책은 우리에게 발생한 기후 문제를 비롯해, 그로 인해 앞으로 발생할 가능성이 있는 각종 문제에 상상력을 더해 쓴 SF 앤솔러지이다.

이 책은 기후변화와 관련된 4개의 이야기를 엮은 책으로, 그 중 김소연의 「가이아의 선택」은 기후변화로 인해 세계에서 발생한 문제점을 담아낸 단편소설이다. 기후 관리 시스템의 지도자로 인공지능을 도입하고, 기술이 발전했음에도 기후를 다시 정상화하기 위해 구시대의 방식으로 퇴보한 삶을 선택해야 하는 역설적인 인류의 모습을 그리고 있다.

> 과정

학년		수업주제 및 활용 자료
고등학교 2학년	1차시	주제: 「가이아의 선택」을 읽고, 세계 여러 국가의 기후변화 문제 파악하기 사용도서: 『일인용 캡슐』 중의 「가이아의 선택」 사용 자료: 공간정보 웹서비스 및 활동지 1) https://coastal.climatecentral.org 2) https://picturing.climatecentral.org 3) https://globalcarbonatlas.org/emissions/carbon-emissions
	2차시	주제: 국제 변호사가 되어 기후정의 실현을 위한 기후소송 진행하기 사용 자료: 메이플스토리 월드 프로그램(자체 제작 게임) 및 활동지

[1차시] 교수-학습 과정안

개요

차시명	「가이아의 선택」을 읽고, 세계 여러 국가의 기후변화 문제 파악하기 (1/2)	대상	고등학교 2학년
학습목표	• 『일인용 캡슐』 중 「가이아의 선택」을 읽고 기후변화와 관련된 문제를 인식할 수 있다. • 공간정보 웹서비스를 활용하여 세계의 국가에서 발생한 기후위기 문제를 분석할 수 있다.		
교수 학습자료	교사	『일인용 캡슐』, PPT, 활동지 ①, 활동지 ②, 활동지 ③	
	학생	『일인용 캡슐』, 전자기기, 필기구	
주의점	• 교사와 학생 간의 활발한 상호작용을 통해 학생들이 책 내용을 파악할 수 있도록 지도한다. • 학생들이 공간정보 웹서비스를 적절히 활용할 수 있도록 안내한다. • 학생들이 전자기기를 수업 목적으로만 활용해야 할 것을 주지한다.		

과정

단계	학습 내용	교수 학습 활동	시간(분)	자료
도입	동기유발 및 학습목표 확인	▷기후변화와 관련된 사진을 제시하여 해당 자료가 어떤 개념과 관련이 있을 것 같은지 발문한다. ▷해당 자료가 기후변화와 관련이 있다는 것을 알린다. ▷학습목표를 제시하여 『일인용 캡슐』 중 「가이아의 선택」을 읽고, 세계 여러 국가의 기후변화 문제를 파악할 것임을 알린다.	5	PPT
전개	활동 1	『일인용 캡슐』 중 「가이아의 선택」 내용 확인하기(배경지식 쌓기) ▷퀴즈를 활용하여 「가이아의 선택」의 내용에서 기후변화와 관련하여 어떤 문제와 변화 과정을 겪었는지 확인한다. ▷실제 우리 세계는 기후변화에 따라 어떻게 변화하게 될지 생각해 볼 수 있도록 지도한다.	10	PPT 책 『일인용 캡슐』
	활동 2	UN 기후소송 1차 프로젝트(소그룹 활동) • 사례 카드를 통해 국가별 기후변화 문제 파악하기 ▷UN 기후소송 1차 프로젝트가 시작되었음을 알리며, 4개의 모둠으로 소그룹(5~6명)을 조직한다. ▷각 모둠은 제시된 사례 카드(활동지 ①)를 살펴보고, 국가별로 발생한 기후변화 상황을 파악한다.	25	PPT 활동지 ① 활동지 ② 활동지 ③ 전자기기

단계	학습 내용	교수 학습 활동	시간(분)	자료
	활동 2	• 공간정보 웹서비스를 활용하여 기후변화 관련 데이터 조사하기 ▷ 지도 프로그램 및 패들렛 사용 방법이 작성된 자료(활동지 ②)를 바탕으로 활동 진행을 위한 사이트를 안내한다. ▷ 지도 프로그램을 활용하여 모둠별로 맡은 국가가 기후변화로 인해 발생한 상황을 보고하는 발표문을 작성하도록 안내한다. ▷ 각 소그룹은 공간정보 웹서비스를 통해 국가별 기후변화 관련 데이터를 조사한 후, 발표문 양식이 적힌 자료(활동지 ③)를 바탕으로 발표문을 작성한다. ▷ 각 소그룹은 발표에 필요한 시각 자료(예: 지도나 사진 캡처 화면)를 패들렛에 작성한다.		
	활동 3	UN 기후 소송 1차 프로젝트(정리/전체 활동) ▷ 패들렛 작성 내용과 발표문을 바탕으로 각 국가가 처한 기후변화 상황을 보고하는 소그룹별 발표를 진행한다. ▷ 교사와 함께 패들렛의 내용을 정리한다.	7	
정리	정리 및 마무리	• 정리 ▷ 사례 카드에 제시된 국가에서 현재 기후변화에 대응하기 위해 주도하고 있는 정책에 대해 살펴본다. • 마무리(차시 예고) ▷ 기후 재판을 통해 지역, 젠더, 계층, 세대에 따른 기후 불평등 조사 활동을 진행할 것임을 예고한다.	3	PPT

평가 계획

평가 내용	평가 기준		평가 방법
세계 여러 국가의 기후변화문제를 분석하고, 소개할 수 있는가?	매우 우수	공간정보 웹서비스를 적극적으로 활용하여 자신이 맡은 국가의 기후변화 문제를 충실히 분석하고, 활동지를 바탕으로 해당 문제를 소개할 수 있음	동료평가 보고서 평가 관찰법
	우수	공간정보 웹서비스를 활용하여 자신이 맡은 국가의 기후변화 문제를 분석하고, 활동지를 바탕으로 해당 문제를 소개할 수 있음	
	보통	공간정보 웹서비스를 활용하여 자신이 맡은 국가의 기후변화 문제를 탐색하고 소개하는 데 어려움을 겪음	
	미흡 (피드백)	세계 여러 국가의 또 다른 기후변화 문제 및 대응 사례를 추가 제시하고, 학생들이 기후변화 문제의 심각성을 기후정의와 관련지어 생각해 볼 수 있도록 함	

자료

1. 수업 내용 PPT

2. 활동지

활동지 ①

캐나다 (Canada)

캐나다에서 전례 없는 대규모 **산불**이 발생해 국토 전역에서 약 1천 건의 산불이 진행 중이다. 전문가들은 기후변화로 인한 극단적인 더위와 건조한 날씨가 이번 산불의 주요 원인이라고 지적한다. 장기간 폭염이 대기 중 습기를 제거하면서 특히 강풍이 불 때 불길이 빠르게 번졌으며, 기후변화로 인해 이러한 극단적인 기상 조건이 지속되어 산불 발생과 강도를 높이고 있다는 것이다.

캐나다에서는 **탄소 배출 증가**로 전국 곳곳에서 **극단적인 산불**이 늘고 있다. 학계에서는 인간이 초래한 지구온난화가 산불의 발생 가능성과 강도를 높였다고 지적한다. 산불이 기후에 미치는 가장 큰 영향은 나무와 토양에 저장된 막대한 탄소를 대기로 방출해 온난화를 가속화한다는 것이다. 이렇게 방출된 이산화탄소는 장기적으로 지구의 기온 상승에 기여하여 화재 발생 가능성을 높이는 악순환의 고리가 반복된다.

한겨례 (2023.8.22). 캐나다 산불 1천건 '통제 불능'…기후위기가 땔감 제공했다.
BBC (2023.8.19). 캐나다 산불이 초래할 또 다른 위기.

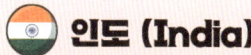
인도 (India)

최근 인도는 기후 위기가 심각해짐에 따라 북부와 남부 지역에서 각기 다른 기상 문제가 발생하고 있다. 우선, 북부 지역에서는 **폭우**로 인해 대규모의 홍수와 산사태가 발생하였으며, 이로 인한 피해 금액만 무려 약 1조에 달하는 것으로 알려졌다. 인도는 연간 강수량의 70~80%가 6월부터 9월까지 발생하는 우기에 집중적으로 내리며, 특히 북부 지역은 우기마다 홍수로 인한 인적·물적 피해가 큰 것으로 나타났다.

반대로 인도 남부 지역에서는 **가뭄** 문제를 겪고 있다. 남부 지역은 강수량이 평소보다 약 45% 감소하여 가뭄이 발생함에 따라 물이 부족한 상황이며, 우기가 시작되기 이전인 4월부터 6월까지는 45℃에 육박하는 폭염으로 인한 피해가 발생하기도 했다.

기후변화로 인해 2022년 인도 전역에서는 314일 이상의 기상 이변으로 인해 3,000명 이상의 사망자가 발생하였으며, 42만 채의 가옥과 200만 헥타르(ha)의 농경지가 피해를 입었다. 기후 위기가 더욱 심각해지며 인도에서 발생한 **기상 이변**은 더욱 심해질 것으로 예상된다.

KIEP(2023.8.25). [이슈트렌드] 심각해지는 기후위기, 인도에서 가뭄과 폭우 발생으로 이어져.

네덜란드 (Netherlands)

네덜란드는 기후변화에 따라 올여름 유럽 전역을 강타한 기록적인 **폭염**으로 인해 역대 가장 따뜻한 10월 날씨를 기록했다. 네덜란드는 가을과 겨울에 강수량이 많아 습한 것으로 알려져 있으나, 올해는 온화한 날씨가 이어지며 '물의 나라'로 일컬어지던 네덜란드에서도 **가뭄**에 대한 우려가 고조되고 있는 상황이다. 전문가들은 여름철 폭염과 강수량 감소로 인한 **가뭄**으로 지하수 수위가 낮아지고 있으며, 이로 인해 농업 및 식수원으로 활용되는 **지하수 부족** 문제가 가장 심각하다는 점을 지적했다.

국토의 25% 가량이 해수면 아래에 있는 네덜란드는 지형적으로 물이 굉장히 풍부한 국가이다. 그러나 이는 **해수면 상승**에 따른 홍수로도 이어질 수 있다는 점에서 유의해야 한다. 실제로 네덜란드 기후 전문가들은 온실가스 배출이 줄지 않으면 네덜란드의 해안 주변 해수면이 기존의 예측보다 더 상승할 수도 있다고 전망했다.

극심한 기후변화 여파로 사실상 네덜란드는 홍수와 가뭄이라는 양극단에 대비해야 하는 역설적인 상황에 처해 있다.

연합뉴스(2022.11.23). [기후위기현장을 가다] '물의 나라' 네덜란드의 아이러니…
"가뭄에 지하수 부족"
연합뉴스(2021.10.25). "온실가스 감축 안하면 네덜란드 해수면 더 상승할 수도".

쿠바 (Cuba)

최근 쿠바 기상 당국이 발표한 월간 기후 현황 자료에 따르면, 2023년 7월 평균 기온이 29.1℃를 기록하며 1951년 이후로 73년 만에 가장 높은 수치를 기록했다. 2020년 8월 이후 3년 만에 다시금 기록을 경신한 것이기도 하다.

이러한 기온 상승은 전력 사용량 증가로 이어져 쿠바의 **전력 부족 현상**을 발생시킨다. 쿠바에서는 최근 몇 년 사이 여름철 전력 수요 급증으로 단전 사태가 잦아지고 있으며, 이러한 문제는 미국의 경제 제재에 따른 경제난으로 인해 노후화된 발전 설비와 전력 인프라를 갖춘 쿠바의 특성으로 인해 더욱 심화되고 있는 상황이다.

더불어 기상 당국은 지표면 온도뿐만 아니라 대서양의 해수 온도도 매우 높은 수준이었음을 알리며, 지표면 평균 기온과 해수면의 온도 상승으로 인해 **태풍**의 규모 또한 커질 것을 우려했다. 지리적으로 쿠바는 미국 플로리다 지역과 매우 인접한데, 최근 플로리다 주에 초대형 태풍이 몰아칠 것으로 예측됨에 따라 쿠바 또한 해당 태풍의 영향을 받게 될 가능성이 커지게 된다.

KIEP(2023.8.14). 쿠바, 2023년 7월 월간 기온 1951년 이후 최고…초대형 태풍 위험 커져.

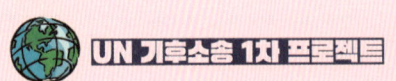
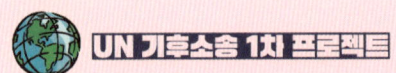

사례 카드
국가 ①

사례 카드
국가 ②

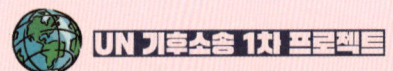
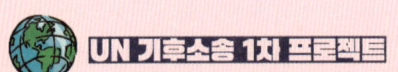

사례 카드
국가 ③

사례 카드
국가 ④

활동지 ②

이름:　　　　　　　　학번:

UN 기후소송 1차 프로젝트: 데이터 조사하기

데이터를 조사한 후, 조사한 자료(예. 지도나 사진 등)를 캡처하여 패들렛에 업로드해봅시다.

DATA 1 기후변화로 인한 세계적 현상 파악하기 (Coastal Risk Screening Tool)

1) https://coastal.climatecentral.org/ 링크에 접속한다. (또는 QR 코드로 접속)
해수면 상승과 연안침수로 인해 위협받을 수 있는 지역을 나타내고 있다.

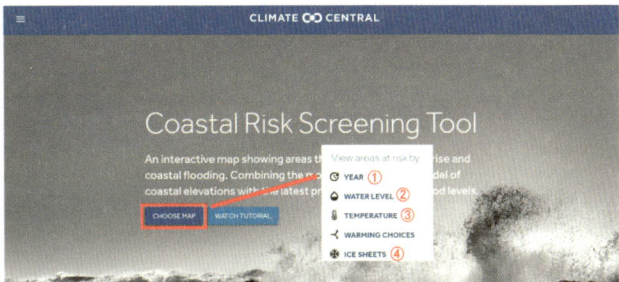

2) 4가지 지표 중 1~2개를 선택하여 각 국가가 기후변화로 인해 변화하게 될 상황을 파악한다.
① YEAR(연도) : 연도를 조정하여 해수면 상승·연안 침수가 발생하게 될 지역을 탐색할 수 있다.
② WATER LEVEL(수위) : 수위를 m 단위로 조정하여 해수면 상승·조수(밀물과 썰물)·폭풍해일을 종합적으로
  고려하였을 때 해수면 아래로 잠기게 될 영토를 탐색할 수 있다.
③ TEMPERATURE(온도) : 2100년까지의 온도 상승에 따라 해수면 아래로 잠길 것으로 예상되는 영토를
  탐색할 수 있다.
④ ICE SHEETS(대륙빙하) : 남극(Antarctica)과 그린란드(Greenland)의 대륙빙하가 녹아
  지구 평균 해수면이 m 단위로 상승하게 될 때 잠길 가능성이 있는 영토를 탐색할 수 있다.

DATA 2 온도 변화에 따른 해수면 상승 시나리오 파악하기 (Picturing Our Future)

1) https://picturing.climatecentral.org/#search 링크에 접속한다. (또는 QR 코드로 접속)
지역별 고도를 고려하여 지구온난화에 따른 해수면 상승 예측 결과를 시각화한 것이다.

2) 지구 온도의 상승 폭에 따라 변화하는 도시의 모습을 파악한다.
① Region(지역) 영역에서 모둠별로 선택한 국가를 찾은 후,
  각 국가의 도시 경관이 온도 변화에 따른 해수면 상승으로 인해 어떻게 변화하게 될지 파악한다.
② 지구 온도 상승 폭을 ℃ 단위로 조절하여 도시 경관을 확인한다.
  (사진 속 화살표를 좌우로 드래그하여 도시 경관을 비교할 수 있음)

이름: 학번:

UN 기후소송 1차 프로젝트: 데이터 조사하기

데이터를 조사한 후, 조사한 자료(예. 지도나 사진 등)를 캡처하여 패들렛에 업로드해봅시다.

DATA 3   세계 각국의 탄소 배출량 파악하기 (Global Carbon Emissions Map)

1) https://globalcarbonatlas.org/emissions/carbon-emissions/ 링크에 접속한다. (또는 QR 코드로 접속)
인간의 활동과 자연적 과정으로 발생하는 국가별 탄소 배출량을 시각화한 것이다.

2) 각 요소를 조작하여 국가별 이산화탄소 배출량을 파악하고, 타 국가와 비교해 본다.
  ① TYPE(유형): 온실가스 배출 요인을 유형별로 설정하여 확인할 수 있다.
     - TERRITORIAL: 생산 과정(천연가스, 석유, 석탄)에서 발생하는 이산화탄소 국토별 배출량
     - CONSUMPTION: 상품이 소비되고 서비스가 제공되는 곳에서의 이산화탄소 소비 배출량
     - TRANSFER: 영토 배출량과 소비 배출량의 순 차이를 나타낸 이동 배출량.
       상품 수출로 인한 배출량에서 상품 수입으로 인한 배출량을 뺀 것
  ② UNITS(단위): 이산화탄소 배출량의 단위를 설정할 수 있다.
     - MtCO2: 이산화탄소 백만 톤
     - kgCO2/GDP: 국내총생산 대비 이산화탄소 배출량
     - tCO2/person: 인구 1인당 이산화탄소 배출량
  ③ ALL : 국가를 선택하여 탄소 배출량을 확인할 수 있다.
  ④ TIMELINE : 시간대에 따른 국가별 탄소 배출량의 변화를 비교할 수 있다.

UPLOAD   패들렛 사용방법 (Padlet Manual)

1) https://padlet.com/ses024025/padlet-277yf90j6arybjz0 링크에 접속한다. (또는 QR 코드로 접속)
2) '게시물 추가' 아이콘을 클릭한다.
3) '옵션 1'의 검색창에 모둠별로 맡은 국가를 검색한다.
4) '자료 이름'을 제목으로 설정한다.
5) '업로드' 아이콘을 클릭하여 모둠별로 조사한 자료(예. 지도나 사진 캡처 화면)를 업로드하고,
   해당 자료에 대한 간단한 설명(1줄)을 작성한 후 발행을 클릭한다.

활동지 ③

UN 기후소송 1차 프로젝트: 발표문 작성하기

조사한 데이터를 바탕으로 발표문을 작성해봅시다.

발표문 양식

① 조사한 국가의 기후변화 문제
 저희가 조사한 국가는 '(국가 이름)'입니다. (국가 이름)은 기후변화로 인해
 (사례 카드에서 찾은 기후변화로 인해 발생한 문제)가 발생하고 있습니다.

② 데이터 설명
 저희가 실제로 데이터를 조사해본 결과, 기후변화 상황이 지속된다면
 [DATA 1] □□□□년에 (국가 이름) 영토는 △번째 지도와 같이 잠기게 될 것입니다.
  / 해수면이 □m만 상승해도 △번째 지도와 같이 변화하게 됩니다.
  / 온도가 □℃ 상승하면 △번째 사진과 같이 영토가 잠기게 됩니다.
  / 대륙빙하가 녹아 손실되어 해수면이 □m 상승하게 되면, (국가 이름)의 영토는
   △번째 지도처럼 변화하게 됩니다.
 [DATA 2] 특히, 해수면 상승 시나리오로 분석한 결과, 해당 국가의 □□ 지역에서는
   온도가 □℃만 높아져도 △번째 사진과 같이 도시 경관이 변화하게 됩니다.
 [DATA 3] 탄소 배출량을 조사한 결과, (국가 이름)은 전 세계에서 ○위를 차지하고 있습니다.

③ 데이터를 조사하며 알게 된 점 / 예상해볼 수 있는 상황
 데이터를 종합해볼 때, (국가 이름)은 (데이터를 조사하며 알게 된 점)하다는 것을 알 수 있었고,
 앞으로도 기후변화가 지속된다면 (예상해볼 수 있는 상황)하다는 점을 추측해볼 수 있습니다.

발표문 작성

발표문 예시

 저희가 조사한 국가는 '몰디브'입니다. 몰디브는 기후변화로 인해 곧 전 국토가 수몰될 위험에 처해 있습니다.
 저희가 실제로 데이터를 조사해본 결과, 기후변화 상황이 지속된다면
2070년에 몰디브 영토는 첫 번째 지도와 같이 대부분 잠기게 될 것입니다.
 그뿐만 아니라, 해수면이 단 1m만 상승해도 두 번째 지도처럼 공항과 카페가 사라지게 됩니다.
 특히, 해수면 상승 시나리오로 분석한 결과, 해당 국가의 말레 지역에서는 온도가 3℃ 정도 상승하게 되면 세 번째 사진과 같이 영토가 해수면 상승으로 가라앉게 되어, 사람들이 걷고 있는 도시가 바다 아래에 잠기게 됩니다.
 그러나 탄소 배출량을 조사한 결과, 역설적으로 몰디브는 전 세계 국가 중 158위에 그칠 정도로 적은 탄소를 배출하고 있습니다.
 데이터를 종합해볼 때, 몰디브는 탄소 배출량이 적음에도 불구하고 기후변화에 따른 해수면 상승으로 인해 국토가 잠길 위험성이 크다는 점을 알 수 있었고, 앞으로도 기후변화가 지속된다면 몰디브는 세계에서 사라질 수도 있다는 점을 추측해볼 수 있습니다.

[2차시] 교수-학습 과정안

개요

차시명	국제 변호사가 되어 기후정의 실현을 위한 기후소송 진행하기(2/2)	대상	고등학교 2학년
학습목표	• 지리적 조건 및 사회적 경제적 조건에 따라 기후변화로 인한 영향력이 차별적으로 나타나는 사례와 쟁점을 조사할 수 있다. • 기후정의와 관련하여 기후위기가 불평등의 문제임을 설명할 수 있다.		
교수 학습자료	교사	PPT, 활동지 ①, 활동지 ②, 활동지 ③	
	학생	전자기기, 필기구	
주의점	• 학생들이 사례를 통해 접하는 다양한 소수자들을 타자화하지 않도록 지도한다. • 전자기기와 게임을 활용하므로 학생들이 수업 진행 과정에서 주의를 집중하고 교사의 지시에 따를 수 있도록 지도한다. • 발표 시 발표자 외 나머지 학생들이 발표 내용에 적극적으로 호응할 수 있도록 지도한다.		

과정

단계	학습 내용	교수 학습 활동	시간(분)	자료
수업 전	활동 준비	▷수업 전 소그룹(4~5명)을 미리 구성한다. ▷사전에 학생들에게 게임 플레이를 위한 링크를 전송한다. ▷각 소그룹에서 최소 1명 이상 넥슨 게임 아이디를 생성하고 '메이플스토리 월드' 프로그램을 설치할 수 있도록 한다. ▷수업 전 소그룹별 테이블에 활동지를 비치한다. ▷수업 시작 전 PPT를 준비하고 삽입된 배경음악을 재생해 학생들이 수업에서 진행될 활동을 미리 인지하고 상황에 몰입할 수 있도록 한다.		PPT 활동지 ① 활동지 ② 활동지 ③
도입	동기유발 및 학습목표 확인	▷학생들이 「가이아의 선택」 속 기후 연합 소속의 국제 변호사임을 소개한다. ▷학생들이 게임 '메이플스토리 월드'를 통해 UN을 피고로 기후변화가 심화됨에 따라 불평등한 어려움을 겪는 다양한 의뢰인을 위한 국제소송을 도울 것임을 알린다.	3	PPT

단계	학습 내용	교수 학습 활동	시간(분)	자료
전개	활동 1	UN 기후소송 2차 프로젝트(활동 소개) ▷활동지 ①을 통해 소그룹별 담당 사건을 할당한다. ▷활동지 ②을 통해 예시를 들며 구체적 학습 활동 과정을 설명한다. ▷교사의 지도에 따라 태블릿PC를 활용해 '메이플스토리 월드'로 구현된 메타버스 세계에 접속한다. ▷활동지 ③를 바탕으로 게임 조작 방법 및 주의사항을 설명한다.	15	PPT 활동지 ① 활동지 ② 활동지 ③ 전자기기
	활동 2	UN 기후소송 2차 프로젝트(소그룹 활동/전체 활동) ▷게임 속에서 각 소그룹은 담당한 의뢰인과의 대화를 나누고 미션을 수행하며 의뢰인이 기후변화로 겪고 있는 문제 상황을 파악한다. ▷각 소그룹은 파악한 정보와 자료를 활동지 ②에 기록한다. ▷각 소그룹은 기록된 정보와 자료를 바탕으로 활동지 ②의 소장 접수 발표문 템플릿을 완성한다(교사는 순회지도를 통해 학생들의 질문을 받고 도움을 준다). ▷모둠별 대표 변호인(발표자)이 활동지 ②에서 작성한 소장을 발표하고 접수하도록 한다.	20	활동지 ② 활동지 ③ 전자기기
	활동 3	UN 기후소송 2차 프로젝트(정리) ▷교사는 소그룹별 발표 내용을 정리하며 실제 현실에서도 지리적 조건 및 사회적 경제적 조건에 따라 기후변화의 영향력이 차별적으로 나타나고 있음을 설명한다. ▷이와 관련된 기후정의 개념을 소개한다. ▷소그룹별로 활동 소감을 공유한다.	10	PPT
정리	정리 및 마무리	▷현재 국제사회에서 기후변화로 인한 불평등 문제가 좌시되고 있음을 알린다. ▷학생들이 기후정의 문제에 적극 관심을 가지고 행동할 수 있도록 장려한다.	2	PPT

평가 계획

평가 내용		평가 기준	평가 방법
세계의 기후정의 문제 사례와 쟁점을 소개할 수 있는가?	매우 우수	자신이 맡은 정체성에 따른 기후정의 문제 사례를 활동을 통해 충실히 탐색하고, 다양한 근거를 들어 문제를 설명할 수 있음	자기평가 동료평가 관찰법
	우수	자신이 맡은 정체성에 따른 기후정의 문제 사례를 활동을 통해 탐색하고, 근거를 들어 문제를 설명할 수 있음	
	보통	자신이 맡은 정체성에 따른 기후정의 문제 사례를 활동을 통해 탐색하고, 근거를 들어 문제를 설명하는 데 어려움을 겪음	
	미흡	기후정의 문제와 관련된 사례와 근거 자료를 추가로 제공해 학생들이 기후정의 개념과 그 중요성을 이해하는 데 도움이 필요함	

자료

1. 수업 내용 PPT

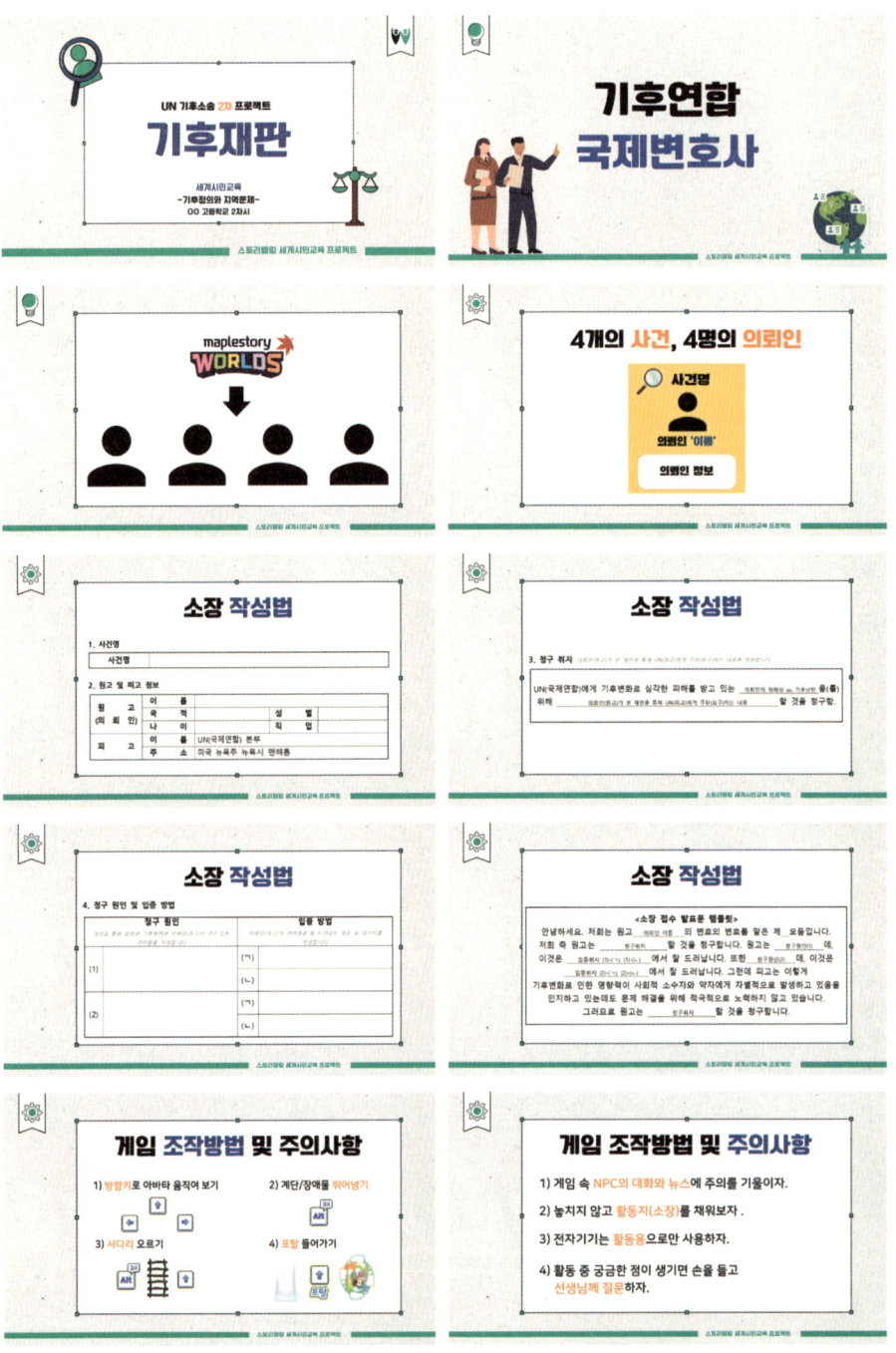

II. 스토리텔링을 활용한 세계시민교육 수업의 실제

2. 활동지

활동지 ① (사건 수첩)

130

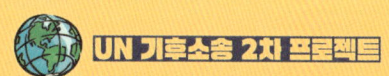

사건 수첩
의뢰인 ①

사건 수첩
의뢰인 ②

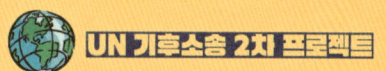

사건 수첩
의뢰인 ③

사건 수첩
의뢰인 ④

활동지 ②

UN 기후소송 2차 프로젝트 소장

사건번호	250727-01
담 당	제 모둠

1. 사건명

사건명	

2. 원고 및 피고 정보

원고 (의뢰인)	이름			
	국적		성별	
	나이		직업	
피고	이름	UN(국제연합) 본부		
	주소	미국 뉴욕주 뉴욕시 맨해튼		

3. 청구 취지 의뢰인(원고)가 본 재판을 통해 UN(피고)에게 주장(요구)하는 내용을 작성합니다.

UN(국제연합)에게 기후변화로 심각한 피해를 받고 있는 ___의뢰인의 정체성. 예: 기후 난민 등___ 을(를) 위해 ___의뢰인(원고)가 본 재판을 통해 UN(피고)에게 주장(요구)하는 내용___ 할 것을 청구함.

4. 청구 원인 및 입증 방법

청구 원인 게임을 통해 알아낸 기후변화로 의뢰인(원고)이 겪고 있는 어려움을 작성합니다.		입증 방법 의뢰인(원고)의 어려움을 잘 드러내는 게임 속 데이터를 작성합니다.	
(1)		(ㄱ)	
		(ㄴ)	
(2)		(ㄱ)	
		(ㄴ)	

〈소장 접수 발표문 템플릿〉

안녕하세요. 저희는 원고 _의뢰인 이름_ 의 변호를 맡은 제 ____모둠입니다. 저희 측 원고는 _청구취지_ 할 것을 청구합니다. 원고는 _청구 원인(1)_ 데, 이것은 _입증 취지 (1)-(ㄱ), (1)-(ㄴ)_ 에서 잘 드러납니다. 또한 _청구 원인(2)_ 데, 이것은 _입증 취지 (2)-(ㄱ), (2)-(ㄴ)_ 에서 잘 드러납니다. 그런데 피고는 이렇게 기후변화로 인한 영향력이 사회적 소수자와 약자에게 차별적으로 발생하고 있음을 인지하고 있는데도 문제 해결을 위해 적극적으로 노력하지 않고 있습니다. 그러므로 원고는 _청구취지_ 할 것을 청구합니다.

활동지 ③

UN 기후소송 2차 프로젝트: 조작방법 및 주의사항

도움말   **게임 조작 방법**
사전에 안내한 링크 혹은 우측 하단 QR코드를 통해 '메이플스토리 월드' 메타버스 세계에 접속해 봅시다.

1) 방향키로 아바타 움직여 보기
: 왼쪽, 오른쪽 방향키로 아바타를 움직여 보자.

2) 계단/장애물 뛰어넘기
: 계단이나 장애물이 보이면 ALT 키를 눌러 점프해 보자.

3) 사다리 오르기
: 사다리가 보이면 ALT 키를 누른 뒤, 위 방향키를 이용해 사다리를 타고 올라가 보자.

4) 포탈 들어가기
: 위 방향키를 눌러 포탈에 들어가 보자.

코끼리의 행진
: 인간-자연 공동체의 이야기

개요

학습 목표	인지적 영역	• 아시아 코끼리의 이동 이면에 놓인 자연환경과 사회환경을 안다. • 인간-자연의 공존에 대한 다양한 실천적인 접근방법(문화적 지혜, 기술 적용, 정책 협력)을 이해한다. • 지속가능발전 안에서 인간-자연의 생활 공동체에 대한 심층적 의미를 이해한다.
	사회·정서적 영역	• 비판적 분석 능력: 복잡한 생태 문제의 원인과 결과의 관계를 해체한다. • 내러티브 실천 능력: 공감을 촉진하기 위해 역할극(코끼리/인간)을 통해 다각적 관점의 내러티브를 구축한다. • 해결책 구상 능력: 다양한 이해관계자의 요구를 통합하여 인간과 코끼리의 갈등에 대한 해결 전략을 개발한다. • 문화 간 협력 능력: 초국가적 맥락에서 협력적인 해결방안을 마련한다.
	행동적 영역	• 야생 동물 종에 대한 공감과 책임감을 기른다. • 인간의 필요와 생태계 보호의 균형을 추구하는 지속가능발전의 가치를 확장한다. • 초국가적 생태 보호는 국경을 초월한 협력을 요구한다는 전지구적 책임감을 갖는다.
학습유형		역할극
대상		중학교 　　장소　　교실
핵심 개념		지속가능발전, 내러티브 교육, 비판적 실천
자료와 도구		그림책: 『코끼리의 여행(The Journey of the Elephants)』 다큐멘터리: '코끼리의 행진(March of The Elephants)' 생태 카드 상자(5종의 카드) 코끼리 역할 카드(예: 대장 코끼리, 암컷 코끼리) 해결방안 상자(a. 모니터링 도구, b. 보완 정책, c. 지역사회 소통 전략)

> 수업에서 주안점

2020년 3월, '짧은 코 가족(Short-Trunk Family)'으로 불리는 야생 아시아 코끼리 15마리가 중국 윈난성 시솽반나(Xishuangbanna) 국가자연보호구역의 서식지를 떠나 숲, 농경지, 마을과 심지어 도시 지역을 지나 17개월 동안 1,266km에 달하는 전례 없는 여행을 시작했다. 이들은 푸얼, 훙허, 위시, 쿤밍을 거쳐 북쪽으로 이동한 후, 다시 남쪽으로 돌아와 원래 서식지로 돌아왔다.

코끼리 떼가 북쪽으로 이동하는 기간 내내, 중국 정부는 '짧은 코 가족'의 안전한 여행을 보장하기 위해 총 25,000명의 인력과 15,000대의 응급 차량을 동원하였고, 주민 15,000명을 대피시켰으며, 이동 경로로 발생한 피해에 대해 500만 위안(약 50억 원) 이상의 보상금을 지급했다. 또한 윈난성 산림소방대 소속 대원 59명이 116일 동안 24시간 모니터링 작업에 참여하여 위시, 쿤밍, 훙허, 푸얼 등 4개 자치주와 10개 현을 지나가는 총 1,266km에 달하는 거리의 코끼리 떼를 추적했다. 윈난성 지방청과 지역사회도 코끼리 떼의 성공적인 귀환을 돕기 위해 적극적으로 협력했다.

이번 이동은 야생 아시아 코끼리의 이동 기록 중 가장 긴 이동으로, 중국의 현대 생태 보존의 복잡한 과제를 생생하게 보여 주기 때문에 중국과 전 세계의 주목을 받았다. 생태학적으로는 기후변화와 서식지 먹이 감소로 인해 코끼리들이 북쪽으로 새로운 영역을 찾아야 했다. 사회적으로는 코끼리 떼의 인간 거주지 침입이 경제적 손실을 초래했으며, 이에 따라 '드론 감시'와 '식량 안내'와 같은 혁신적인 인간-코끼리 갈등 완화 전략이 개발되었다. 세계적으로는 이 사건에 대한 국제 언론의 광범위한 보도는 이 사건을 인간과 자연의 공존에 대한 세계적 논의로 전환시켰다. 그래서 윈난의 아시아 코끼리의 북쪽 이동은 세계적으로 중요한 생태학적 이야기를 대표하게 되었다. 이 사건을 지속가능발전에 관한 국제이해 교육과정 개발의 맥락으로 선택하는 것은 시의적절하고 가치 있다.

선정 도서 미리 읽기

큰 코끼리의 여행

'짧은 코 가족'은 중국 윈난성 '야생 코끼리 계곡'에서 여러 세대에 걸쳐 살아왔습니다.

2020년 3월 초에 16마리의 야생 아시아 코끼리 떼가 북쪽으로 이동하였습니다.

코끼리 떼는 서식지인 계곡을 넘어 인간 세계로 들어갔습니다.

사람들은 주민들의 생계와 코끼리의 안전을 균형 있게 유지하기 위해 협의회를 열고 계획을 수립했습니다.

17개월 후, 코끼리 떼가 마침내 안전하게 집으로 돌아왔습니다.

> 코끼리의 이동 경로

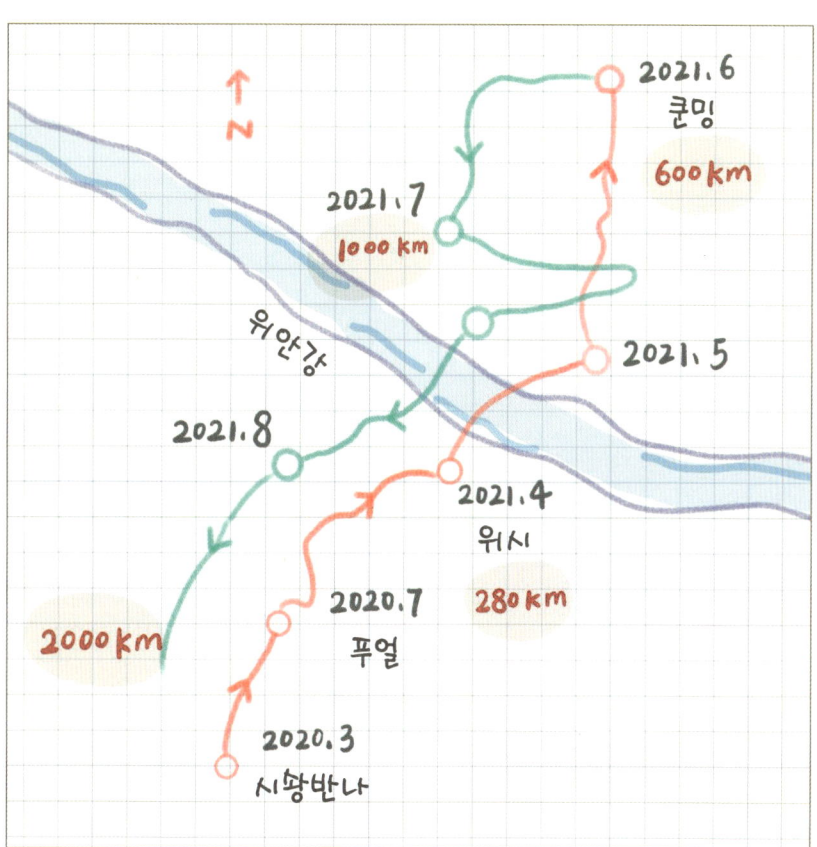

교수-학습 과정

> **수업의 주안점**

① 내러티브 매체(Narrative Mediums): 다큐멘터리와 그림책을 통한 멀티미디어 스토리텔링 환경을 조성한다.
② 등장인물 심화: 역할 설정은 과학적 사건에 감성적 공감을 가지도록 한다.
③ 도구적 합리성(Instrumental rationality): 실행 가능한 계획으로서 정책 협상을 시각적으로 보여 주는 해결책을 설계한다.
④ 세계로의 확장: 유엔의 지속가능발전목표(SDG15: 육상 생태계 보호)와 연계시켜서 국경을 초월한 협력 책을 만들어 본다.

> **개요**

본 수업은 문제 인식에서 국제 협력으로 이어지는 4단계로 구성되어 있다. 그것은 문제 분석(인식) → 생명에의 공감(태도) → 지역 실천(기술) → 국제 협력(행동)이다. 이 4단계의 내용은 내러티브 교수법과 비판적 실천을 반영하고 있다.

차시	학습주제	활동내용
1	위기를 알아보기	• 생태 카드 상자를 통해 윈난 야생 코끼리 계곡의 위기 연쇄 고리를 분석함으로써, 코끼리 문제에 대해 체계적으로 이해한다.
2	야생 동물 이야기에 공감하기	• 학생들은 코끼리 가족의 일원으로 변신한다. • 코끼리 가족의 북쪽으로 이동과 관련된 실제 사건을 바탕으로 하여, 코끼리 종의 생존 관점을 깊이 있게 이해하면서 이동 계획서와 일기를 작성한다.
3	갈등 해결 실천하기	• 인간과 코끼리 간의 갈등 시나리오를 가상한다. • 다양한 역할을 하는 사람들의 협력 계획(모니터링 및 조기 경보; 이동 및 안내; 보상 정책)을 설계한다. 목적 협력 계획(모니터링 및 조기 경보; 이동 및 안내; 보상 정책 등)을 설계한다. • 지속가능발전 측면에서 인간-코끼리의 균형을 달성하기 위한 대책을 탐구한다.
4	세계적 협력 강화하기	• 국경을 초월한 협력 통지서를 작성한다. • 생태적 필요와 문화적 차이를 통합한다. • 문화간 협력 능력과 글로벌 책임감을 기른다.

과정

[1차시] 교수-학습 과정안

단계	교수-학습 활동	수업자료
수업 목표	다큐멘터리의 내용을 바탕으로 학생들이 생태 카드(ecological cards)를 통해 인간과 코끼리 간의 갈등의 인과 관계를 분석하고, 아시아 코끼리의 북쪽 이동으로 인한 생태적 문제를 이해하도록 한다.	
절차	● 도입 질문: 왜 코끼리는 자신의 서식지를 떠나는가? • 활동: 생태 카드 직소: 위기의 인과관계 분석 • 생태 카드 상자(기후 형태, 식생 형태, 인간 활동)를 배포한다. • 생태 카드 상자를 보여 준다. 🗃 기후: 강수량 감소, 기온 상승, 강수량의 불균등한 분포 등 🗃 식생: 야생 바나나 감소, 염분 섭취량 감소, 외래 식물 침투, 삼림 파괴 등 🗃 인간 활동: 고무 농장 확장, 고속도로 건설, 인구 성장, 마을 확장 등 🗃 사회경제: 환금작물 보조금, 관광 소득 등 🗃 코끼리 행동: 길어진 풀을 먹는 시간, 풀을 찾는 빈도 증가, 농경지 풀을 먹기, 이동 경로의 변경 등 ● 학생들은 조별로 인과 관계를 만들어 본다 (예: 고무 농장의 확대 → 숲의 축소 → 코끼리 떼의 북부로 이동)	[기후] 강수량 감소, 기온 상승, 강수량의 불균등한 분포 등 [식생] 야생 바나나 감소, 염분 섭취량 감소, 외래 식물 침투, 삼림 파괴 등 [사회, 경제] 환금작물 보조금, 관광 소득 등 [인간 활동] 고무 농장 확장, 고속도로 건설, 인구 성장, 마을 확장 등 [코끼리 행동] 길어진 풀을 먹는 시간, 풀을 찾는 빈도 증가, 농경지 풀을 먹기, 이동 경로의 변경
요약 및 심화 질문	각 조는 인과 관계를 제시하고 코끼리들의 북부로 이동에 관한 자연적 원인과 환경적 원인을 요약한다. ● 심화 질문 ▷코끼리가 북부로 이동할 때 만나는 어려움은 무엇인가? ▷코끼리의 '생각과 아이디어'는 무엇인가? ● 차시 수업 내용을 소개한다	

[2차시] 교수-학습 과정안

단계	교수-학습 활동	수업자료
수업목표	다큐멘터리와 그림책을 바탕으로 학생들이 역할극을 통하여 코끼리 떼의 생존 위기를 이해하게 하고, 다양한 관점으로의 표현을 하고, 학생들의 공감 능력을 기르고자 한다.	
	● 1차시에서 논의한 원인-결과 관계를 검토하고, 코끼리 떼의 북부로 이동한 원인을 살펴본다. 그리고 코끼리 역할 카드(대장 코끼리/보모 코끼리/경비 코끼리/아기 코끼리)를 배분한다.  *1* 큰 귀 코끼리: 대장 코끼리. 풀이 있는 곳으로 코끼리 가족을 인도한다.  *2* 짧은 코 코끼리: 보모 코끼리. 아기 코끼리를 돌보는 어미 코끼리를 돕는다.  *3* 큰 발 코끼리: 경비 코끼리. 정찰과 안전을 책임지고 있다.  *4* 아기 코끼리: 북쪽으로 이동하는 중에 태어났다.	

절차	◉ 상황 1: 위기가 닥쳤을 때 • 대장 코끼리로서 〈가족의 북부 이동 통지서〉(1페이지)를 작성하라. • 이 통지서에는 가족의 북부로 이동 사유, 여행 중 직면할 수 있는 어려움, 그리고 이에 대한 1~2개의 대응 방안을 포함해야 한다. • 학습 학생들에게 발표하고 가장 우수한 통지서를 투표로 선정한다. ◉ 상황 2: 북부로 이동하면서 • 어느 날, 장난꾸러기 아기 코끼리가 강아지를 쫓아가다 경사면의 가파른 배수로에 빠졌다. 다행히 암컷 코끼리가 제때 구해냈다. 그날 밤, 코끼리들은 일기를 꺼내 그날의 경험과 감정을 기록했다. • 조를 구성하여 〈코끼리 일기〉(100~150자)를 작성한다. • 아기 코끼리가 배수로에 빠진 사건을 통해 경험한 감정 경험(두려움/상호 도움/희망)을 공유한다.
요약	◉ 학생 일기 전시 학생들이 일기에 쓴 내용을 바탕으로, 교사는 학생들이 '동물 공동체' 안에서 각자의 감정과 가치를 이해하도록 안내한다.

[3차시] 교수–학습 과정안

단계	교수–학습 활동	수업자료
수업 목표	다큐멘터리를 기반으로 학생들이 인간과 코끼리 간 갈등의 해결방안을 마련하고, 협업 및 문제 해결 능력을 기른다.	
절차	◉ 도입 질문: 인간과 코끼리의 필요를 어떻게 조화롭게 할 수 있는가? ◉ 상황 설명: 코끼리 떼가 북부로 계속 이동하다가 윈난성 유시시(Eshan County)에 산현(Eshan County)에 들어섰다. 코끼리 떼는 먹이를 찾아다니며 계속해서 주민들의 농지와 마을로 들어갔다. 작물이 파괴되고 집들이 손상되면서 지역 주민들의 경제적 이익과 개인 안전에 위협이 되고 있다. 이에 주민들은 협의회를 열고 주민들의 생계와 코끼리의 안전을 조화롭게 유지할 방안을 계획했다. ◉ 활동: 인간–코끼리 갈등을 다루기 위한 종합 계획 설계 • 역할 카드를 뽑은 모둠들 ① 지역 주민 ② 산림 소방관 ③ 경찰 공무원 ④ 정부 공무원 • 도구 상자에서 유형 A/B/C 중에서 하나씩 선택하고 이에 대한 대응 계획을 세운다. • 역할 배정 및 도구 상자 배분: 학생들은 추첨을 통해 모둠을 구성하며, 각 모둠은 지역 주민, 산림 소방관, 경찰 공무원, 정부 공무원 역할을 맡은 학생들로 구성된다. 그리고 도구 상자 카드를 배분한다.	

단계	교수-학습 활동	수업자료
절차	• 각 역할의 구체적인 기능은 다음과 같다. ① 지역 주민: 협상에 참여하고 자신의 권리와 이익을 보호한다. ② 산림 소방관: 코끼리 떼의 움직임을 감시하고 인간-코끼리 갈등으로 인한 화재 발생을 방지한다. ③ 경찰 공무원: 주민을 대피시키고 교통을 통제하여 코끼리 떼가 도로로 들어가지 않도록 한다. ④ 정부 공무원: 보상 정책을 조정하고 지역사회 소통을 조직한다. ◉ 전체적인 연계 고리 그리기 • 모둠별로 도구상자 A(모니터링 및 조기 경보 유형), 도구상자 B(추방 및 지도 유형), 도구상자 C(조정 및 지원 유형) 중에서 각 역할에 대해 최소 한 가지를 선택한다. • 그리고 (마인드맵을 제시하여) 논리적인 연계 고리를 설계할 수 있도록 이들을 결합하고 매칭한다. • 구체적인 도구 상자는 다음과 같다. 　🗂 도구 상자 A: 모니터링 및 조기 경보 　– 무인 항공기(UAV) 모니터링: 코끼리의 실시간 위치, 이동 패턴, 개체 수를 관찰하여 그들의 이동을 사전에 추적할 수 있도록 한다. 　– 베이두(Beidou) 목걸이: 코끼리 떼 안의 특정 개체에 착용하여 정확한 위치 데이터를 제공하고, 장기적인 모니터링을 가능하게 한다. 　– 적외선 조기 경보 시스템: 마을 주변과 코끼리 이동 경로에 설치하여 코끼리가 접근할 때 경보를 발령한다. 　– 지역사회 위챗 경보 시스템: 지역사회 위챗 그룹을 통해 경보를 신속히 전달한다. 　🗂 도구 상자 B: 대피 및 안내 　– 전기 울타리: 위험 지역으로 코끼리 진입을 방지하기 위해 약한 전기 신호를 방출한다. 　– 소리 방출 장치: 코끼리를 안전한 경로로 유도하기 위해 싫어하는 소리를 방송한다. 　– 후각 안내 장치: 선호하거나 피하는 냄새를 방출하여 이동 경로를 영향을 미친다. 　– 코끼리 먹이 유인 구역: 코끼리가 선호하는 먹이를 배치하여 코끼리 떼를 안전한 지역으로 안내한다. 　– 대형 장비 차단벽: 트럭/장비를 사용하여 이동 경로를 재조정한다. 　🗂 도구 상자 C: 조정 및 안전 조치 　– 생태 보상 기금: 코끼리 활동으로 인한 손실에 대한 재정 지원을 한다. 　– 식물 재배 지침: 코끼리가 싫어하는 작물을 재배하여 코끼리가 마을에 들어와 먹이를 찾는 상황을 줄이는 계획. 적합한 지역에 식충 작물(carnivorous crops)을 재배하여 코끼리를 유인한다. 　– 인간-코끼리 보호 자원봉사 팀: 사람들을 모아서 자원봉사 팀을 조직하고, 코끼리 떼 모니터링 및 조기 경보, 홍보, 보호 지식 교육에 참여하고, 인간과 코끼리 간의 관계를 조정한다.	도구 상자 A [모니터링 및 조기 경보] • 무인 항공기(UAV) 모니터링 • 베이두(Beidou) 목걸이 • 적외선 조기 경보 시스템 • 지역사회 위챗 경보 시스템 도구 상자 B [대피 및 안내] • 전기 울타리 • 소리 방출 장치 • 후각 안내 장치 • 코끼리 먹이 유인 구역 • 대형 장비 차단벽 도구 상자 C [조정 및 안전 조치] • 생태 보상 기금 • 식물 재배 지침 • 인간-코끼리 보호 자원봉사 팀 • 비상 계획 매뉴얼 • 교통 도로 폐쇄 시스템

단계	교수-학습 활동	수업자료

	- 비상 계획 매뉴얼: 주민의 대피 경로를 포함한다.
	- 교통 도로 폐쇄 시스템: 고속도로의 전자 화면에 도로 폐쇄 표지판이 자동으로 표시되도록 하고 차단 게이트가 자동으로 작동한다.
	● 해결책의 발표 및 상호 평가
	• 각 모둠은 계획의 발표 준비 시간을 1분을 가진다.
	• 주의해야 할 주요 사항은 다음과 같다.
	- 도구 선택의 이유와 도구가 문제를 해결하는 방식
	  (예: 드론을 활용한 야간 감시는 인력 부족을 보완한다)
	- 부서 간 협업 논리
	  (예: 소방대가 제공하는 데이터를 기반으로 공공 안전 부서가 도로를 폐쇄한다)	

요약	전체적인 연계 고리를 상호 평가를 하고 '상담-보상-모니터링-예방'이라는 지역별 실천 모형을 정리한다.	

[4차시] 교수-학습 과정안

단계	교수-학습 활동	수업자료
수업 목표	국경을 초월한 생태 보호 협력의 필요성을 이해하고, 글로벌 책임감을 기른다.	
	● 도입 질문 ▷코끼리 무리가 남쪽으로 이동하고 국경을 넘어 이동한다면, 우리는 무엇을 할 수 있을까요? ● 활동 〈국경을 넘는 코끼리 떼의 이동 및 협력에 관한 통지서〉 작성하기 • 북부의 탐험을 마친 코끼리 가족은 새로운 서식지를 찾아 남부로의 이동을 결정하고 점차 동남아시아의 어느 국경을 넘은 열대우림 지역으로 들어갔다. 이 지역은 중국과 그 이웃 국가들의 공동 보호 구역이다. 이 지역은 복잡한 생태 환경을 갖추고 있으며, 여러 원주민 부족의 거주지와 현대 농업 지역이 공존하고 있다. 코끼리 떼는 이동 과정에서 다음과 같은 과제에 직면한다. • 과제 1: 국경 간의 생태적 차이 - 열대우림 지역의 기후는 매우 다르다. 코끼리 떼는 (열대 몬순 숲의 대나무와 야자나무 등) 새로운 식생 분포와 물 공급 패턴에 적응할 필요가 있다. • 과제 2: 문화석 관습의 갈등 - 어떤 원주민 부족은 코끼리를 '숲의 영혼'으로 여겨 어떤 간섭도 금지한다. 다른 부족은 농지에 피해를 주어 코끼리를 경계한다. • 과제 3: 협력 메커니즘의 부재	

단계	교수-학습 활동	수업자료
절차	– 중국은 아직 이웃 국가들과 국경을 넘는 코끼리 떼의 모니터링 및 보호 연계 메커니즘을 갖추지 못했으며, 정보 공유와 행동 조정 측면에서 어려움이 존재한다. • 〈국경 간 이동 및 협력에 관한 통지서〉 작성하기 – 학생들은 국경 간 열대우림 지역의 식생, 수자원 조건 및 이동 위험을 분석하고, 이전 세 단원의 지식을 결합하여 코끼리 떼의 행동 요구사항을 요약한다. – 학생들은 중국을 대표하여 코끼리 떼의 모니터링, 먹이 인내 등 중국의 경험을 요약하고, 관련 인사(공직자/부족 구성원/지도자) 또는 기관(산림청, 환경보호단체, 농업부서)에게 〈국경 간 이동 및 협력에 관한 통지서〉를 약 300자 내외로 작성한다. – 그 내용에는 코끼리 떼의 구성, 서식지, 중국의 경험, 협력 요구사항 및 계획 등을 포함할 수 있다.	
요약	• 학생들은 공지문을 소리 내어 읽고 자신의 성과를 발표한다. 교사는 학생들이 배운 통지서를 가지고서, "국경을 초월하는 생명 공동체에 대한 책임"을 이해하도록 안내한다.	
과제	**생명 공동체를 위한 외침!** • 전체 수업 내용을 살펴보고 "인간과 코끼리(자연)가 생명의 공동체를 구성한다."라는 핵심 개념을 중심으로 한 홍보 슬로건을 작성한다. • 홍보 슬로건은 다음 중 하나를 선택하거나 통합하여 작성할 수 있다. – 코끼리와 그들의 서식지 보호를 촉구한다. – 인간과 코끼리의 조화로운 공존을 옹호한다. – 모든 협력적 보호를 강조한다.	

참고문헌

가브리엘라 친퀘(이지수 역)(2021). **그레타 툰베리, 세상을 바꾸다**. 보물창고.
강순원, 이경한, 김다원(2019). **국제이해교육 페다고지**. 살림터.
교육부(2022). **2022 개정 사회과교육과정**. 교육부.
김다원(2016). 세계시민교육에서 지리교육의 역할과 기여-호주 초등 지리교육과정 분석을 중심으로. **한국지리환경교육학회지**, 24(3). 13-28.
김두식(2010). **불편해도 괜찮아**. 창비.
김소연, 윤해연, 윤혜숙, 정명섭(2021). **일인용 캡슐라임**. 라임.
노경실 글·문보경 그림(2015). **시리아의 눈물**. 담푸스.
김지혜(2019). **선량한 차별주의자**. 창비.
린다 수 박(공경희 역)(2012). **우물 파는 아이들**. 개암나무.
송미영 글, 김다정 그림(2016). **한집에 62명은 너무 많아**. 사계절.
옥한석(2011). 공감을 위한 지리와 스토리텔링: 합강문화제와 영춘 하인단구 시나리오 작성 사례를 중심으로. **문화역사지리**, 23(2). 63-78.
유네스코 아시아태평양 국제이해교육원(2021). **한국 세계시민교육이 나아갈 길을 묻다**. 살림터.
유네스코 아시아태평양 국제이해교육원, 한국국제이해교육학회(2020). **세계시민, 스토리로 배우다**. APCEIU.
원용희(2003). **세계의 축제문화**. 백산출판사.
이경한(2023). **세계시민교육과 지리교육**. 푸른길.
이경한, 김다원, 김선미(2024). **스토리로 배우는 세계시민교육**. 푸른길.
이경한, 김다원, 조대훈 외 4인(2024). **지리적 상상력으로 세계시민되기**. APCEIU.
이두현, 김선아, 권미혜, 이준희, 이용직(2024). **지구촌 슬픈 갈등 탐구생활**. 파란자전거.
이상민(2009). **대중매체 스토리텔링 분석론**. 북코리아.
정주진(2023). **평화의 눈으로 본 세계의 무력 분쟁**. 철수와영희.
정주진(2020). **선생님, 더불어 살려면 어떻게 해요?**. 철수와영희.
정주진(2022). **선생님, 세계시민이 되려면 어떻게 해야 해요?**. 철수와영희.
칩 히스, 댄 히스(안진환, 박슬라 역)(2007). **스틱**. 웅진윙스.
한경구, 김종훈, 이규영, 조대훈(2015). **SDGs 시대의 세계시민교육 추진 방안**. APCEIU.
하마다 게이코(박종진 역)(2011). **평화란 어떤 걸까?**. 사계절.

UNESCO(유네스코 아시아태평양 국제이해교육원 역)(2015). 세계시민교육: 학습 주제 및 학습 목표(Global Citizenship Education TOPICS AND LEARNING OBJECTIVES). 유네스코 아시아태평양 국제이해교육원.

Charles, G.(2015). The post-2015 moment: towards sustainable development goals and a new global development paradigm. *Journal of International Development*, 27. 717-732.
UNESCO(2014). *Global Citizenship Education: Preparing Learners for the Challenges of the 21st Century*. Paris: UNESCO.
UNESCO(2015). *Global Citizenship Education TOPICS AND LEARNING OBJECTIVES*. UNESCO.

格日勤其木格, 黑鶴, 大象的 旅程

狩新那 生助(2018). クトゥパロンの涙-難民キャンプで生き抜くロヒンギャ民族. 拓殖書房新社.
田沼 武能(2021). フォトエッセイ トットちゃんと訪ねた子どもたち. 岩波書店.
日本原水爆被害者団体協議会(2021). 被爆者からあなたに. 岩波書店.
日本国際理解教育学会(2022). 現代国際理解教育事典(改訂 新版). 明石書店.
浜田桂子(2011). へいわってどんなこと?. 童心社.

Documentary: March of The Elephants. China & Eview Studio
https://www.menti.com/alo8ombgq7h1

스토리로 배우는 세계시민교육: 중등편

초판 1쇄 발행 2025년 11월 24일

지은이 유네스코 아시아태평양 국제이해교육원 기획
       이경한, 김다원, 김선미 편저

펴낸이 김선기
펴낸곳 (주)푸른길
출판등록 1996년 4월 12일 제16-1292호
주소 (08377) 서울시 구로구 디지털로33길 48 대륭포스트타워 7차 1008호
전화 02-523-2907, 6942-9570-2
팩스 02-523-2951
이메일 purungilbook@naver.com
홈페이지 www.purungil.com

ⓒ 유네스코 아시아태평양 국제이해교육원, 2025
ISBN 979-11-7267-065-8 03370

*이 책은 양측의 계약에 따라 보호받는 저작물이므로 저작권자와 (주)푸른길 양측의 서면 허락 없이는 어떠한 형태나 수단으로도 이 책의 내용을 이용하지 못합니다.